CHRISTINE HAAS

Capricorne 2023

Du 21 décembre au 20 janvier

Table

Table

I: Votre Année 2023

II: Votre signe astrologique

PARTIE I

Votre année 2023

Votre décan en 2023

Lisez les 3 décans de votre signe, il est très fréquent qu'une ou deux autres planètes de votre thème occupent ceux qui ne sont pas les vôtres et que cela vous donne des renseignements supplémentaires.

Pour connaître votre décan : **twelv.love**

1er décan

21 AU 31 DÉCEMBRE

> EN RÉSUMÉ

Comme l'année dernière, Jupiter planète de chance et d'intégration va parcourir rapidement un premier signe et s'attarder dans le second. Tout d'abord le Bélier, symbole d'énergie, de volonté d'entreprendre, où elle a déjà fait un séjour entre mai et octobre, et où vous avez peut-être déménagé, agrandi la famille, ou dans certains cas, eu un problème administratif, voire juridique. Elle revient rapidement du 1*er* janvier au 20 février, avec à peu près la même incidence qu'en 2022, puis entrera chez l'ami Taureau et vous enverra alors un aspect de facilité, de réussite, de valorisation de soi jusqu'au 5 juillet. Une période extrêmement bénéfique et porteuse de stabilité, de sécurité. Puis, elle reviendra en novembre.

> VOTRE TRAVAIL, VOS RELATIONS

Saturne, planète de sérieux et de construction, entrera chez vos amis Poissons le 7 mars et restera toute l'année en phase avec votre décan, ce qui est très positif pour vos projets les plus ambitieux. Vous ne ressentirez peut-être pas tout de suite ses influx, toutefois à partir de mai ils seront plus concrets grâce au bon aspect que Saturne et Jupiter formeront entre elles et avec vous. Une bonne publicité, un bon bouche-à-oreille joueront un rôle dans ce que vous allez pouvoir réaliser et vous aurez l'agréable impression que votre valeur est reconnue. Il se peut aussi, dans certains cas, qu'il y ait une naissance.

> VOS AMOURS

Le transit de Jupiter en Taureau à partir de mai occupera le secteur sentimental de votre zodiaque, aussi l'amour (ou un succès) sera une importante source de bien-être et d'harmonie avec votre entourage. Son dernier passage dans ce signe date de 2012 (juin, juillet, août) et cela avait sûrement été une bonne période, très enrichissante. Cette année aussi le sera, mais dans un autre domaine, probablement relationnel avec le mariage d'un enfant, ou une naissance. Mais vous pourriez également rencontrer l'amour et construire une relation solide grâce à l'harmonie Jupiter-Saturne. Mais il n'est pas exclu que l'objet de votre flamme soit plus âgé, ou plus expérimenté que vous. Vous l'admirerez beaucoup.

> DIFFICULTÉS

On ne peut pas dire que vous aurez de grosses difficultés cette année, sauf en janvier-février lorsque Jupiter retraversera rapidement le 1*er*décan du Bélier. Il a certainement fallu vous battre l'année dernière, ou vivre un moment stressant en mai-juin, mais cela ne se reproduit pas à l'identique cette année, vous aurez certainement la possibilité d'ailleurs de régler le problème autour du 19 janvier (né vers le 30 décembre surtout). Encore une fois, le problème administratif ou juridique, avec beaucoup de paperasserie à la clé. Par ailleurs les contrariétés martiennes ne seront pas nombreuses : du 25 mars au 14 avril, il y aura un rapport de force, puis fin août et début septembre un choix professionnel à faire.

2e décan

1er AU 10 JANVIER

> EN RÉSUMÉ

Les changements positifs qui ont parsemé 2022 sont encore actifs en 2023, mais seulement si vous êtes né après le 6 janvier. Ils sont dus à un bon transit d'Uranus, planète des découvertes, qui indique que vous avez évolué au point que vous n'êtes plus tout à fait le même ou la même. Vous êtes certainement plus sûr de vous et de votre séduction, vous faites moins attention au regard des autres, et vous avez développé une autre image de vous-même. Cela continue en 2023, d'autant plus que vous constaterez que ces changements vous portent chance en quelque sorte. C'est-à-dire qu'à partir du mois de mai, vous vous sentirez encore plus libre d'être vous-même et d'entreprendre en toute indépendance.

> VOTRE TRAVAIL, VOS RELATIONS

Entreprendre, créer, vous inventer ou vous réinventer, c'est ce à quoi les planètes vous invitent cette année. Ce sera un peu comme si vous preniez ou repreniez votre envol, sans pour autant changer votre nature profonde qui est sérieuse et travailleuse. Mais vous brillerez dans ce que vous faites et vous aurez certainement des sujets de satisfaction. Une petite réussite ici et là, des témoignages d'admiration, des compliments sur la qualité de votre travail, c'est toujours bon à prendre non ? Certes, vous aurez une petite injustice à supporter entre février et avril, quelque chose qui vous remuera. Mais ça peut aussi être un déménagement !

> VOS AMOURS

Elles seront au top à partir du mois de mai, grâce aux bons influx de Jupiter qui transitera votre secteur sentimental. Mais c'est aussi celui des enfants, alors peut-être que vous allez en accueillir un ? Quoi qu'il en soit, vous ne cacherez pas votre satisfaction et votre bien-être, votre vie de couple étant solide, stable et équilibrée. Il pourrait même y avoir un retour de flamme en juin, puis de nouveau en août et septembre. Vous et votre partenaire serez alors très entiers, vos sentiments seront intenses. Célibataire, vos meilleures chances de faire une rencontre sérieuse se situeront entre mai et septembre.

> DIFFICULTÉS

Seule la rapide dissonance de Jupiter, qui vous rappellera peut-être une situation de début 2011, risque de vous ennuyer, et encore... Cela dépend de votre thème natal et de la place qu'y occupe cette planète. En tout cas, entre février et avril, vous aurez des raisons de vous émouvoir, d'être perturbé intérieurement, soit parce que vous vous sentirez mal jugé, injustement traité, soit parce que vous déménagerez, ce qui est toujours pénible pour le Capricorne car vous souffrez plus ou moins d'un complexe d'abandon qui s'exprime un peu dans tous les domaines. En outre, Mars (conflits) ne passera pas par chez vous cette année.

3e décan

10 AU 20 JANVIER

> EN RÉSUMÉ

Depuis 2018, Pluton naviguait dans votre décan et a probablement joué son rôle négatif, plus que son rôle positif. En général, avec cette planète, ça commence par du négatif et ensuite il faut faire un travail sur soi-même pour y trouver le positif, ou pour se réparer. D'ailleurs, Pluton a été très impliquée dans la pandémie depuis 2020… Bonne nouvelle, elle vous quitte au mois de mars pour entrer en Verseau, mais elle reviendra chez vous de mi-juin à janvier 2024 (uniquement né après le 19 janvier). En avril/mai, c'est Jupiter qui fera parler d'elle, probablement dans le domaine familial (la famille peut s'agrandir) ou celui du logement : vous pourriez déménager ou faire des travaux chez vous.

> VOTRE TRAVAIL, VOS RELATIONS

Il y a de toute évidence une progression qui se prépare, peut-être à travers un changement, mais cela va certainement beaucoup vous faire hésiter parce qu'en bon signe de Terre, vous n'aimez pas le changement. Pour vous, le bonheur est peut-être dans le pré, mais il est surtout dans la stabilité. Toutefois, il ne s'agit pas d'un changement brusque, il s'agit d'une évolution qui vous permettra, à terme, d'avoir une meilleure image de vous et de faire une plus grande impression à ceux avec qui vous travaillez, ou allez travailler. Une formation pourrait être nécessaire et c'est peut-être ce qui vous fera hésiter, notamment en avril et une partie de mai. À moins qu'un nouveau boulot ne vous éloigne de chez vous.

> VOS AMOURS

Il y a une boucle (des allers et retours) de Vénus cette année et c'est en Lion qu'elle se fera, précisément dans son 3*e*décan, en relation avec le vôtre. C'est pour cet été (de fin juin au 15 août) et comme cela se passe dans votre 8e secteur, on peut penser que la passion et le sexe surtout seront au rendez-vous. Soit vous êtes déjà en couple et vous retrouverez la fougue du début de votre relation, soit vous êtes célibataire et vous croiserez la route de quelqu'un qui aura un grand pouvoir sur vous. Sachez que cela débutera alors que Vénus sera en conjonction avec Mars (de fin juin au 15 juillet) et que vos sentiments et vos désirs seront encore plus intenses sous cette conjoncture, qui ne sera pas toujours très calme.

> DIFFICULTÉS

En dehors des contrariétés inhérentes à la vie quotidienne, il y a cet aspect de Jupiter qu'on peut considérer comme la période la moins facile de votre année. Entre le 4 avril et le 16 mai, la planète qui amplifie tout (le bon comme le mauvais) sera en contradiction avec vos désirs, vos besoins et surtout votre paix intérieure. Quelque chose vous « travaillera » pendant quelques semaines, et cela peut autant être personnel que professionnel si vous avez un choix à faire. Sur le plan personnel, il faudra peut-être faire respecter vos droits lors d'une succession, acheter une maison ou effectuer des travaux dans la vôtre. La situation sera inconfortable, mais pas plus !

Votre ascendant en 2023

Selon votre ascendant, les planètes qui vont compter en 2023
Pour savoir quel est le décan de votre ascendant : **twelv.love** Et consultez les 3 décans, une de vos planètes peut se trouver dans un autre décan que le vôtre.

BÉLIER

> 1er DÉCAN

De janvier au 20 février, *Jupiter* revient dans votre décan, comme en 2022. Je vous rappelle qu'elle était entrée chez vous en mai, accompagnée par *Mars*, ce qui a pu créer une grosse colère ou vous obliger à vous investir à fond dans un travail, voire dans la défense de vos droits. Il va donc en être encore question en début d'année mais cette fois *Mars* est en bon aspect avec vous (rétrograde, donc moins active jusqu'au 13 janvier) mais vous allez certainement avoir une opportunité à saisir, ou à développer si elle s'est déjà présentée. Le succès pourrait être au rendez-vous également grâce à *Pluton* qui entre en Verseau le 23 mars, un must qui vous donnera envie de vivre intensément et d'être plus créatif que jamais. Vous serez animé d'une pulsion vitale étonnante.

> 2e DÉCAN

Jupiter n'avait pas atteint votre décan en 2022, ce sera fait cette année à partir du 20 février et jusqu'au 4 avril. Fin février et début mars, la planète de chance et d'expansion sera conjointe à *Vénus* et il ne serait pas étonnant que l'amour vous tombe dessus et que vous vous emballiez pour quelqu'un. Ce sera fort, intense, mais est-ce que cela va durer ? Ce n'est pas sûr car *Jupiter* est très rapide. Maintenant, cela dépend d'autres éléments de votre thème natal que je ne possède pas. Et si ce n'est pas l'amour qui vous tombe dessus, ce sera de l'argent que vous aurez peut-être gagné par votre travail, mais il se peut aussi que vous ayez de la chance au jeu, surtout fin février, début mars.

> 3e DÉCAN

Vous aurez vous aussi droit à la présence de *Jupiter* dans votre décan du 4 avril au 16 mai, date à laquelle elle quittera définitivement votre signe pour le Taureau. Sans votre thème, on ne peut que faire des suppositions : période de chance et de développement, voire d'enrichissement pour les uns, ou période de tracasseries administratives voire judiciaires pour les autres, qui seront obligés de faire respecter leurs droits. *Pluton* étant partie en Verseau, *Jupiter* ne formera aucun aspect et pourra donc vous donner le maximum, dans le positif comme dans le moins positif. Toutefois, si vous avez quelque chose à entreprendre, c'est le bon moment pour vous lancer, la période placera des chances sur votre route, même si vous avez quelques soucis avec l'administration par ailleurs.

TAUREAU

♉

> 1er DÉCAN

Le plus important cette année, c'est que *Jupiter* (planète réputée chanceuse) fait son retour dans votre ascendant le 16 mai. Son dernier passage date de 2011, si vous vous souvenez de ce qu'il s'est passé, vous aurez un indicateur de ce qui peut donc advenir à partir du mois de mai, et même un peu avant. A priori, c'est une conjoncture très profitable et qui peut vous voir très à l'aise financièrement, ou d'une manière générale dans votre vie. Mais il n'y a pas que ça ! *Saturne*, elle, entame un bon aspect avec vous à partir du mois de mars, elle entrera alors en Poissons, le signe qui gère vos projets et vos amitiés. Côté projet, vous pourriez vous investir dans quelque chose qui vous prendra du temps, mais qui ne peut que vous conduire à évoluer, tout en conservant des bases solides, des bases essentiellement relationnelles.

> 2e DÉCAN

Vous n'êtes pas du tout logé à la même enseigne que le 1*er* décan, vous ne recevrez que *Jupiter*, à partir de fin juin et jusqu'en novembre, mais ce n'est pas rien. Reportez-vous, comme le 1*er* décan, à 2011, 2012 pour avoir une idée de ce qui peut arriver de positif dans votre vie. D'une manière ou d'une autre, vous prendrez plus de place dans votre job, ou serez plus productif et du coup l'argent rentrera plus facilement, après une période très instable. Mais il peut aussi y avoir un héritage, une donation, un important dédommagement. Pour certains cependant, c'est la face juridique de *Jupiter* qui sera active et vous risquez d'avoir un petit problème avec l'administration, fiscale surtout. À moins qu'une situation injuste ne se présente et que vous ne soyez obligé de vous défendre, ou de vous faire défendre par un avocat.

> 3e DÉCAN

Jusqu'en mars, *Saturne* occupera encore le zénith de votre zodiaque, et il se peut que vous soyez en manque de boulot, ou d'objectifs à atteindre, ce qui risque d'être un peu déprimant. Mais, étant donné qu'elle quitte ce secteur en mars (le 7 précisément), vous pourrez remonter la pente. Cela prendra le temps que cela prendra, mais dites-vous que vous avez en vous la force et la persévérance nécessaires. *Jupiter* ne viendra pas chez vous cette année mais l'année prochaine, toutefois vous allez recevoir la visite d'*Uranus* à partir du mois de mai. Cela ne se produit que tous les 84 ans, c'est donc (selon votre thème) quelque chose d'important dans un des domaines clé de votre vie : le travail ou la famille. Avec *Uranus* il y a toujours de l'instabilité et parfois une expérience très inédite à vivre. Et qui peut vous chambouler intérieurement, mais qui sera aussi une intéressante leçon de vie.

GÉMEAUX

> 1er DÉCAN

En 2022, *Jupiter* vous avait longuement envoyé de bons influx depuis votre secteur de projets et d'espoirs. C'est une planète dont la mission est d'amplifier ce qui est positif, comme ce qui est négatif ! Vous avez eu du temps pour mettre au point vos idées et *Jupiter* étant revenue en décembre, c'est le moment de vous lancer. Elle occupera ce même décan du Bélier que l'année dernière jusqu'au 20 février et vous ne la reverrez plus. Mais d'ici là, il y a des chances pour que l'un de vos projets ou l'un de vos espoirs se soit réalisé et que vous ayez fait un grand pas en avant. Tout cela étant relatif à la position de *Jupiter* dans votre thème de naissance. Autre nouveauté, l'arrivée de *Saturne* en Poissons le 7 mars, elle occupera le zénith de votre thème et vous invite à persévérer si vous avez un objectif. Plus vous serez déterminé à réussir, moins dispersé, meilleures seront vos chances de grimper les échelons.

> 2e DÉCAN

En principe, ce décan de votre ascendant ne reçoit pas énormément d'aspects cette année, mais celui que vous enverra *Jupiter* pourrait jouer un rôle important (selon votre thème natal). Elle sera en relation avec vous du 20 février au 4 avril, étant entendu qu'elle peut « agir » avant. Il est possible que vous ayez un projet qui compte beaucoup pour vous et que votre espoir de le réaliser se concrétise pendant la période citée. Mais bien d'autres domaines peuvent être touchés par *Jupiter*, dont celui des relations amicales ou professionnelles. Vous pourriez vous constituer un réseau, dans un domaine ou dans l'autre, sur lequel vous pourrez vous appuyer, les personnes de ce réseau étant favorables à l'entraide, tout comme vous d'ailleurs. Il se peut aussi que vous rencontriez quelqu'un que vous allez admirer, dont vous vous inspirerez et qui sera comme un guide pour vous. Un pygmalion pour les plus jeunes.

> 3e DÉCAN

La présence de *Neptune* dans votre secteur 10, qui gère votre carrière et les événements importants de votre vie jouera un rôle qui peut aussi bien se révéler positif, que créer une instabilité dans votre vie professionnelle. Si *Neptune* est positive, vous pourriez vous retrouver au sein d'un grand groupe, international peut-être et réussir à grimper les échelons au fil du temps. Vous pourriez aussi admirer une personne avec qui vous travaillez et vous en inspirer, vous en servir comme modèle… Pour certains, *Neptune* indique que vous atteindrez des sommets. Pour d'autres, la planète ne jouera pas du tout le même rôle et peut vous voir changer de job un peu trop souvent parce que vous supporterez mal l'autorité de vos supérieurs et qu'il y aura des embrouilles sur votre lieu de travail. Surtout quand *Mars* passera par chez vous au mois de mars. Attention, vous risquez de vous trouver dans une situation remuante et d'en être responsable.

CANCER

> 1er DÉCAN

En 2022 déjà, *Jupiter* s'était présentée au zénith de votre thème personnel, occupant de mai à octobre le 1*er* décan du Bélier. Fin mai et début juin n'ont pas été faciles car elle était conjointe à *Mars*, il y a eu de la bagarre, vous avez dû attaquer ou vous défendre. À présent, *Jupiter* va retraverser très rapidement le décan de votre ascendant en janvier et février (jusqu'au 20) et ne reviendra plus. *Mars* n'étant plus là, vous n'aurez plus d'obstacle pour réussir et peut-être même que vous atteindrez brillamment l'un de vos objectifs, non sans avoir « mouillé la chemise » comme on dit. Après le 16 mai et jusqu'au 4 juillet, *Jupiter* braquera le projecteur à la fois sur vos projets, vos espoirs, et sur vos relations amicales. Vous pourriez intégrer un réseau d'entraide, amical ou professionnel, dont vous deviendrez vite un membre actif.

> 2e DÉCAN

La réussite professionnelle sera votre principal objectif du 20 février au 4 avril. C'est probablement quelque chose qui se prépare depuis l'été dernier : une promotion, une mutation, un poste qui vous donne en tout cas plus de responsabilités et peut demander à certains de diriger, d'avoir de l'autorité même sur une équipe. Quoi qu'il en soit, vous y mettrez toute votre énergie ! Moins chanceux, certains auront un procès à affronter, ou des embrouilles avec l'administration à gérer à cause d'une négligence involontaire (ou non). Du 4 juillet au 7 novembre, vos projets et vos relations amicales prendront de l'importance et si vous avez besoin d'aide pour progresser, vous trouverez ce qu'il vous faut. On (une relation ?) vous soutiendra activement, peut-être même sur le plan financier si besoin est.

> 3e DÉCAN

Vous aurez vous aussi l'occasion de grimper un échelon, ou de prendre la direction d'une mission, voire d'un service ou d'un groupe, entre le 4 avril et le 16 mai. Ce sera l'événement principal de cette année et *Pluton* ne s'opposant plus à vous après le 23 mars, rien ni personne ne pourra s'opposer à votre progression – sauf vous-même et un comportement qui ne serait pas adapté et qui ferait qu'au dernier moment vous n'obtiendriez pas ce que vous pensiez vous revenir de droit. Il faudra vous méfier de vos réactions instinctives, elles peuvent aller contre vos intérêts. Autre avantage cette année, une volonté chez certains de prendre leur indépendance (un bon aspect d'*Uranus*) et ce que vous avez déjà préparé l'année dernière pour certains vous sera très utile. Vous libérer d'une tutelle ou d'une dépendance sera d'une grande importance pour la suite des événements.

LION

> 1er DÉCAN

Votre année 2023 démarrera sur les chapeaux de roues avec le retour de *Jupiter* en Bélier, en harmonie avec votre ascendant. Vous serez en pleine possession de vos moyens, prêt à tout pour réussir, vous faire remarquer, donner des galons à votre renommée dans votre métier. Vous avez déjà eu beaucoup l'année dernière et comme *Jupiter* sera plus rapide, ce sera très positif mais moins durable (*Jupiter* cessera de vous regarder le 20 février). Ce qui va certainement vous interpeller davantage, c'est l'opposition de *Pluton* qui entre en Verseau le 23 mars, pour le meilleur et pour le pire. Le meilleur étant un statut qui vous donne du pouvoir, de l'argent, le pire étant parfois une suite d'événement vous obligeant à revivre un passé que vous pensiez enfoui sous les décombres de votre enfance. Mais il faut se méfier du refoulé…

> 2e DÉCAN

Vous serez probablement très content du transit de *Jupiter* en Bélier, qui durera du 20 février au 4 avril. *Jupiter* et *Vénus* se rencontrant fin mars et début avril, vous serez doublement content, peut-être parce que vous tomberez amoureux ou éventuellement parce que vous concevrez un enfant ou que vous l'accueillerez. Mais votre créativité, votre sens esthétique peuvent aussi être décuplés par cette jolie conjoncture, également favorable aux voyages de toute nature : réels ou spirituels. En outre, vos idées et opinions seront très écoutées, parfois même vous ferez référence. Par ailleurs, vous serez débarrassé de la déstabilisante *Uranus* à partir de fin mai, cela faisait au moins deux ans qu'elle vous perturbait et vous obligeait à accepter des contraintes dont la plupart des membres de ce décan se sont enfin débarrassés. Vous avez à présent votre seconde chance.

> 3e DÉCAN

Ce sera à votre tour de recevoir un bon aspect de *Jupiter* du 4 avril au 16 mai, une période très positive, qui pourrait cependant être instable à cause de l'arrivée d'*Uranus* au zénith de votre thème. C'est-à-dire qu'il y aura forcément des changements de dernière minute et qu'ils ne vous arrangeront pas. Vous pensiez avoir obtenu la reconnaissance que vous méritez, ou la mutation à laquelle vous aspirez, et si vous êtes du début du décan, il faudra revoir vos plans. Toutefois, rien ne sera gravé dans le marbre, ce n'est jamais le cas avec *Uranus* qui peut rester inactive pendant des mois et vous donner alors le sentiment que vous stagnez. Par ailleurs, *Vénus* s'arrêtera chez vous en juillet et jusqu'au 15 août, une période où ce sont vos amours qui vous mèneront par le bout du nez (fin septembre et début octobre aussi). Mais il y aura de forts remous pour certains…

VIERGE

> 1er DÉCAN

Souvenez-vous, en mai 2022, *Jupiter* et *Mars* étaient entrées en même temps en Bélier, provoquant en vous un sentiment de révolte contre l'injustice. Après des allers et retours, vous retrouvez *Jupiter* en Bélier début 2023, sans *Mars* et donc moins agressive. Tout janvier et jusqu'au 20 février, vous aurez certainement à vous occuper d'une histoire d'argent à réclamer, qu'il s'agisse d'une aide, d'une donation ou d'un héritage. Il semble qu'il y aura beaucoup de papiers, de documents et que les questions administratives seront un peu envahissantes. Ce qui ne peut que vous rendre plus anxieux et nerveux que vous l'êtes déjà. Il y aura un problème relationnel en mars-avril, puis, la chance sera au rendez-vous à partir de mai, avec la possibilité de vous développer en grimpant un échelon, ou éventuellement en faisant une formation qui vous aidera à progresser.

> 2e DÉCAN

Uranus est toujours en phase avec votre décan, du moins jusqu'à fin mai. Vous pourrez donc explorer de nouvelles activités où vous aurez plus de liberté d'agir et de concrétiser vos idées. Vous avez peut-être décidé de vous mettre à votre compte ? Cela ne peut que vous réussir, aucune planète lente n'étant en dissonance avec vous pour cette année. Au contraire, vous aurez droit à un aspect chanceux de *Jupiter* à partir de fin juin et jusqu'en novembre ; il apparaît que vous pourrez développer ce que vous avez mis en place sous l'égide d'*Uranus* et que vous y gagnerez, non seulement financièrement mais aussi sur le plan de la renommée. On appréciera ce que vous faites et on vous le fera savoir. Toutefois, comme pour le 1*er* décan, il y aura quelques démêlés avec l'administration, rien de grave.

> 3e DÉCAN

Vous allez enfin recevoir les bons influx d'*Uranus* qui seront essentiels pour vous libérer et devenir ou redevenir vous-même. Le problème étant que *Neptune* s'oppose à vous et que vous êtes probablement dans une relation qui peut être toxique. Vous ne vous en étiez pas rendu compte jusqu'à présent, mais vous ne pouvez plus fermer les yeux. En conséquence, l'aspect d'*Uranus* ne pouvait pas mieux tomber ! Il va d'abord vous donner des envies de liberté, ensuite vous trouverez le moyen de reprendre votre indépendance. Le problème relationnel peut autant se situer dans votre vie amoureuse que dans votre vie professionnelle où quelqu'un essaye sans cesse de vous rabaisser. Mais les choses vont commencer à bouger cette année et elles pourraient se concrétiser entre juin et décembre.

BALANCE

> 1er DÉCAN

Vous avez déjà tâté de l'opposition de *Jupiter* en Bélier en 2022, entre mai et octobre, et elle est revenue fin décembre. Donc elle sera encore active en début d'année et jusqu'au 20 février. Au positif, vous pouvez vous associer, voire vous marier avec quelqu'un qui vous stimulera et vous aidera à être plus productif. Au négatif, un problème associatif risque de vous avoir déjà embêté en 2022 et il revient se manifester. Mais de toute manière, il n'en sera plus question après le 20 février et *Jupiter* occupera à partir du mois de mai (le 16) votre secteur financier, ce qui signifie que l'argent devrait rentrer, et comme c'est *Jupiter*, ce sera plus important que ce que vous pensez. Il pourra être question d'une donation, d'une compensation, d'un héritage. Mais plus vraisemblablement, ce sont vos propres productions qui vous rapporteront.

> 2e DÉCAN

Votre ascendant n'avait pas vraiment reçu l'opposition de *Jupiter* l'année dernière, mais cette année vous n'y échapperez pas : du 20 février au 4 avril, elle sera face à vous et vous proposera deux sortes d'ambiances. Tout d'abord, une ambiance positive avec une possible association, voire un mariage, un pacs, quelque chose qui devrait beaucoup vous réjouir, à moins que vous ne soyez engagé dans une équipe, ou dans un partenariat productif. Au négatif, cette opposition de *Jupiter* vous confrontera à la concurrence, à des difficultés dans votre mariage ou dans une association. Après le 5 juillet, *Jupiter* en Taureau devrait faciliter vos rentrées d'argent et surtout vous permettre, si vous avez eu des problèmes avec un partenaire, de réparer ce partenariat ou de vous réparer vous-même. Et si vous avez divorcé, la compensation financière sera à la hauteur de ce que vous désirez.

> 3e DÉCAN

Une bonne nouvelle : *Pluton* quitte le Capricorne le 23 mars et n'y reviendra que très peu cet été. Cela vous débarrasse d'un poids, celui du passé que la planète vous a obligé à revisiter et qui a pu vous créer des tourments, des angoisses. À la place de *Pluton*, vous recevrez un aspect stabilisant de *Saturne* (déjà l'année dernière) mais seulement jusqu'en mars. Cela dit, le « travail » de *Saturne* est fait : vous donner des bases solides pour les uns, vous faire accepter une période de célibat pour les autres. D'ailleurs, l'opposition de *Jupiter* qui se présentera du 4 avril au 16 mai pourrait correspondre à un divorce et à ses aléas. Mais elle peut, selon votre thème, se révéler positive et vous permettre d'intégrer une équipe, d'en former une ou alors de rencontrer quelqu'un et d'avoir le désir de vous engager et même de vous marier. C'est donc le domaine relationnel qui sera favorisé (ou défavorisé) par *Jupiter*, une planète qui est à double face et qui amplifie tous les domaines qu'elle touche.

SCORPION

> 1er DÉCAN

La grande nouveauté de l'année, pour vous, c'est l'entrée de *Pluton* en Verseau le 23 mars, une brève incursion jusqu'au 11 juin, mais le processus sera lancé pour beaucoup d'entre vous. Il s'agit, avec *Pluton* et après une sorte d'épreuve initiatique, de se reconstruire, de reprendre sa vie en main, de faire preuve de résilience, en particulier né en 1984, 1985. C'est un aspect intéressant pour vous en particulier, *Pluton* étant votre maître, et sachez qu'il peut faire ressurgir un traumatisme subi dans l'enfance. Par ailleurs, comme en 2022, *Jupiter* traversera le 1*er* décan du Bélier en janvier et en février, elle occupera votre secteur du travail qui devrait prendre plus d'importance. Soit parce que vous obtiendrez des avantages, soit au contraire parce que vous aurez un problème à régler avec un collègue ou un employé. Côté cœur, avec l'arrivée de *Jupiter* en Taureau en mai, vous pourriez faire une importante rencontre, vous marier ou vous pacser.

> 2e DÉCAN

En début d'année, c'est encore l'opposition d'*Uranus* qui vous ennuiera et vous rappellera, surtout début février, qu'il y a des changements à effectuer (ou à subir) dans votre vie relationnelle. Mais *Uranus* cessera son opposition fin mai, et par chance vous recevrez celle de *Jupiter* à partir de fin juin, et elle n'a rien à voir ! Selon votre thème natal, *Jupiter* gère vos acquisitions et votre argent, mais on peut très bien penser aussi que vous allez « posséder » quelqu'un. En effet, à cette date et jusqu'à fin octobre, vous serez totalement ouvert aux autres, bien plus investi dans vos relations et il est très possible que vous fassiez une importante rencontre et si vous avez bien fait le travail que vous demandait *Uranus*, si vous êtes moins dans la possession justement. Cette relation pourrait prendre de la place dans votre vie, notamment fin juillet et début août : il se peut qu'on vous présente quelqu'un.

> 3e DÉCAN

C'est à votre tour cette année de recevoir l'opposition d'*Uranus* qui, en soi n'est pas mauvaise, c'est juste qu'elle vous demande un changement et que vous n'aimez pas ça ! C'est sur le plan relationnel que ça se passe, et il semble que vous allez devoir faire face à une remise en question si vous êtes en couple, ou à de l'instabilité si vous êtes célibataire. Dans les deux cas de figure, votre attitude vis-à-vis de l'autre sera à analyser pour mieux comprendre ce qu'il se passe : surtout ne rejetez pas toute la faute sur l'autre, vous reculeriez au lieu d'avancer. Cela peut être en rapport avec votre vie amoureuse, mais vos relations avec vos collègues ou employés pourraient aussi être en question. Le passage de *Jupiter* en Bélier, du 4 avril au 16 mai sera peut-être le fauteur de troubles : vous obtiendrez éventuellement un statut qui vous donnera de l'autorité, ce dont vous abuserez sans vous en rendre compte dans tous les domaines. Vous savez ce qu'il vous reste à faire !

SAGITTAIRE

> 1er DÉCAN

Vous avez déjà eu de belles opportunités en 2022 quand *Jupiter* avait fait un séjour en Bélier (mai à octobre) et voilà que la planète revient en 2023 et vous enverra de bons influx, très créatifs, jusqu'au 20 février. Vous réaliserez quelque chose, que vous avez peut-être entrepris l'année dernière, et qui prospérera en janvier, février. Mais il se pourrait aussi qu'un enfant apparaisse et que vous en soyez très heureux. Par la suite, *Jupiter* atteindra le Taureau le 16 mai (jusqu'au 5 juillet) et cela signifie que ce que vous avez mis en route peut vous rapporter, et parfois plus que vous ne l'aviez imaginé. Si toutefois, dans votre thème natal, *Jupiter* est positive. Autre aspect actif à partir du 7 mars, c'est celui que *Saturne* va former avec votre ascendant, vous freinant un peu dans votre progression, mais surtout parce que vous serez fatigué ou moins motivé que d'habitude. Toutefois, le couple peut en être affecté.

> 2e DÉCAN

Vous serez également regardé de manière très positive par la planète de toutes les chances, *Jupiter*. Ce sera actif du 20 février au 4 avril, mais il est sûr que vous en ressentirez les bienfaits avant le 20 février. La planète étant propice au développement, personnel ou professionnel, il est possible que vous puissiez progresser très rapidement, surtout sur le plan professionnel. Il faut dire qu'on appréciera ce que vous faites, votre créativité étant décuplée par la conjoncture. Quoi que vous entrepreniez, ça marchera. Certains pourraient même avoir un enfant... À partir de juillet, vous recueillerez les fruits de vos efforts, surtout sur le plan financier. *Jupiter* occupera alors le secteur le plus productif de votre zodiaque. Toutefois, c'est également le secteur des dédommagements, des primes et des héritages. Il est donc possible que l'argent vous arrive de cette manière.

> 3e DÉCAN

La seule planète lente à faire un aspect dynamique avec vous, c'est *Neptune*. Elle était déjà active l'année dernière mais elle est difficile à interpréter car elle possède plusieurs sens. Elle peut vous inviter (voire vous obliger) à prendre conscience d'une dépendance dont vous cherchez à vous défaire et qui vous a empêché, jusqu'à présent, de construire du solide dans votre vie. Toutefois, *Saturne* a été en harmonie avec vous tout 2022 et encore cette année jusqu'en mars. Vous avez peut-être entamé un processus qui vous permet de vous défaire de cette dépendance et de vous stabiliser. Pour d'autres Sagittaire, *Neptune* étant la planète qui représente les secrets et parfois les secrets de famille, il est possible qu'un ou des événements de votre enfance aient été oubliés, refoulés, et qu'ils reviennent à présent à votre conscience. *Jupiter*, elle, sera positive et même chanceuse entre le 4 avril et le 16 mai.

CAPRICORNE

> 1er DÉCAN

Votre planète maîtresse, *Saturne*, quitte votre signe où elle était depuis 2017 pour entrer chez l'ami Poissons le 7 mars. En bon aspect avec votre ascendant, vous ne vous apercevrez pas tout de suite de ce qu'elle vous apporte, mais il est évident que vous allez vous installer dans quelque chose de durable et de sérieux. Que ce soit dans vos relations ou dans votre vie professionnelle. Mais vous pouvez aussi vous mettre à apprendre quelque chose, ou à approfondir un savoir, tout ceci vous nourrissant spirituellement. Autre aspect, rapide, et qui reproduit celui de 2022 (entre mai et octobre), le passage de *Jupiter* dans votre secteur 4 ; un déménagement, prévu de longue date, peut-être après des travaux, pourrait se faire entre début janvier et le 20 février. À moins qu'enfin vous n'achetiez la maison de vos rêves pendant cette période. Pour certains natifs, ce sera un peu moins positif car il y aura des différends avec votre hiérarchie, il faudra vous défendre.

> 2e DÉCAN

Uranus, planète des changements et des découvertes sur soi terminera son bon aspect avec vous fin mai (commencé en 2021) ; né après le 6 janvier vous aurez donc encore quelques mois pour faire de gros progrès dans votre vie sociale, l'image que vous avez de vous-même ayant évolué ces deux dernières années. Et vous en profiterez certainement à partir du mois de mai, quand *Jupiter* entrera en Taureau et sera en harmonie avec votre ascendant : c'est un aspect de développement, qui pourrait correspondre à un succès personnel, à quelque chose qui vous met en vedette. Mais ce développement peut aussi être physique pour celles qui seront enceintes : c'est en effet une des possibilités offertes par *Jupiter* qui restera votre alliée jusqu'en novembre et reviendra en 2024. Juillet sera probablement le mois le plus favorable de votre année.

> 3e DÉCAN

Une bonne année pour vous aussi ! Tout d'abord, *Pluton* vous quitte du 23 mars au 11 juin, elle reviendra mais pour repartir définitivement début 2024. La planète se tenait à la fin de votre ascendant depuis longtemps (2019) et elle a été à l'origine d'un processus de destruction-reconstruction qui a été une épreuve pour certains d'entre vous. Mais elle a pu jouer un rôle positif pour d'autres, en vous permettant de vous enrichir, matériellement ou spirituellement. Elle laisse la place à un bon aspect de *Neptune* qui va vous permettre de vous détendre, d'apprécier davantage le moment présent, sans vous préoccuper plus que de raison de ce qui risque d'advenir. En outre, vous nouerez des liens amicaux ou amoureux qui prendront de la place, des personnes avec qui il y aura de la complicité et qui apprécieront vos conseils pleins de bon sens. Mais *Jupiter* risque de créer un conflit, apparemment vite résolu. Entre le 4 avril et le 16 mai, il faudra faire profil bas, en famille ou dans votre vie professionnelle, des problèmes avec l'autorité étant apparus.

VERSEAU

> 1er DÉCAN

Le plus important en 2023, c'est l'arrivée de *Pluton* dans votre décan. Elle restera sur le tout début, mais cela ne s'est pas produit depuis 1778 ! Planète des crises, elle était entrée en Capricorne en 2008 (crise financière) et là, dans votre signe, c'est peut-être une crise des libertés qui va se manifester. Sur le plan personnel, cela peut être tout ou rien : vous pouvez vous enrichir considérablement et de manière inattendue sur le plan financier, comme vous pouvez rétrograder et peut-être même devoir repartir de zéro. En tout cas, ce sera une année intense pour ceux du début du signe. *Jupiter* sera votre alliée en janvier et jusqu'au 20 février, vos affaires marcheront vraiment bien et on parlera de vous avec admiration. Ce que vous ferez pourrait d'ailleurs vous rapporter beaucoup puisque *Pluton* ne sera pas loin. En mai et juin, avec *Jupiter* en Taureau, il se pourrait que vous soyez obligé de vendre un bien, ou de le partager. Une affaire familiale peut aussi vous préoccuper.

> 2e DÉCAN

Pas de *Pluton* pour vous, et surtout la fin de la dissonance d'*Uranus* qui a provoqué d'importants changements depuis deux ans. Elle vous lâchera fin mai et ce sera un vrai soulagement pour certains. Pour vous dynamiser d'ici là, un bon aspect de *Jupiter* en Bélier pourrait vous permettre de démarrer quelque chose, un projet qui progressera rapidement entre 20 février et le 4 avril. Il y aura une occasion à saisir et il faudra foncer dessus, ne pas trop réfléchir, même si cela vous demande plus de boulot. Peut-être aussi que vous ferez une formation éclair et que cela vous permettra de prétendre à une meilleure rémunération. Quoi qu'il en soit, ce sera un pari sur l'avenir. Après le 5 juillet, comme le 1*er* décan, vous recevrez des influx de *Jupiter* depuis le Taureau, secteur de la famille et de la maison. Soit vous aurez dans l'idée d'acheter un bien pour faire un placement, par exemple, ou alors vous aurez tout simplement à déménager. Réfléchissez à ce qu'il s'est passé en 2011 dans ces domaines.

> 3e DÉCAN

Cette année, la planète la plus active pour vous sera *Uranus* (votre maître, je le rappelle). Elle entrera dans le 3*e* décan du Taureau et cela peut entraîner des répercussions très différentes selon le thème de chacun et surtout selon votre signe solaire. En tout cas, préparez-vous à des changements, il vous est même conseillé d'avoir un plan B, si les changements concernent votre vie professionnelle. Vous serez aidé, c'est certain, par un bon aspect de *Jupiter* qui sera actif entre le 4 avril et le 16 mai, la planète occupant un secteur qui est justement dédié à la diversification de vos activités. Surtout, si vous avez mis tous vos œufs dans le même panier, il est dans votre intérêt de regarder ailleurs et de prendre, peut-être à moitié, votre indépendance. Le but d'*Uranus* étant précisément de vous obliger à vous défaire de toute dépendance. Par ailleurs, *Saturne* sera encore chez vous jusqu'au 7 mars, comme en 2022, vous gênant précisément dans votre volonté d'avancer. Peut-être tout simplement parce que vous aurez un peu moins d'énergie.

POISSONS

> 1er DÉCAN

Jupiter a quitté votre ascendant et se trouve à présent en Bélier jusqu'au 16 mai, elle aura alors traversé les 3 décans. Elle restera jusqu'au 20 février dans le vôtre, mais vous l'avez déjà eue longuement l'année dernière et vous avez, éventuellement pu augmenter vos revenus ou effectuer un achat conséquent. Avec *Jupiter*, vous le savez, il y a toujours une amplification ; la planète met fortement l'accent sur un domaine et, en ce qui vous concerne, le Bélier est votre domaine d'argent. Celui que vous rentrez tous les mois et qui pourrait de nouveau être plus important en début d'année. Ça ne sera pas un miracle mais plutôt le fruit de votre travail et surtout d'un fort désir d'être productif. Toutefois, *Saturne* va également faire son apparition dans votre signe (la dernière fois c'était en mai 1993 et surtout en 1994), et il faudra alors vous fixer des objectifs, ou accepter qu'on vous en fixe, et faire les efforts nécessaires pour les atteindre. Cependant, vous pouvez aussi connaître une période difficile parce que vous vous sentirez seul, ou mal accompagné.

> 2e DÉCAN

Uranus s'occupe encore de votre décan jusqu'en mai, une bonne configuration qui vous a peut-être permis – ou qui va vous permettre – d'en apprendre beaucoup sur un sujet en particulier, ou parfois sur vous-même. Il se peut que vous vous découvriez un potentiel qui ne s'était pas exprimé jusque-là, ou que vous appreniez à mieux vous exprimer, que ce soit par oral ou par écrit. *Saturne* a été en relation avec vous l'année dernière et vous a permis justement d'être plus rigoureux et surtout d'avoir un esprit critique plus affûté. Par ailleurs, *Jupiter* sera votre facteur chance cette année, du 5 juillet au 5 septembre (des dates à ne pas prendre à la lettre). Vous allez nouer un lien de complicité avec quelqu'un et parfois plus parce que vous aurez de belles affinités. Mais cela devrait rester platonique, normalement. Ce sera quelqu'un qui peut vous guider et dont vous apprécierez beaucoup l'intelligence. Il y aura quelque chose de fraternel entre vous.

> 3e DÉCAN

Neptune n'en a pas terminé avec vous, elle est encore conjointe à votre Soleil et, en bonne planète « double », elle peut autant être positive que négative. Cela dépend de ses états dans votre thème natal, si elle est forte ou non. En tout cas, c'est la planète des illusions/désillusions et il faut en tenir compte en développant votre sens critique. Si vous êtes déjà de ceux qui doutent, très bien. Mais en général le doute est assez faible chez les Poissons, et c'est la meilleure parade à *Neptune*, qui nous fait prendre souvent des vessies pour des lanternes. Heureusement, et c'est une chance, *Uranus* commence à vous regarder (depuis quelque temps déjà) et il vous vient à l'esprit que vous pourriez vous libérer, vivre et penser autrement. Certains ont peut-être commencé à chercher comment laisser tomber leurs illusions, les autres feront de même cette année, ce qui à la longue sera extrêmement positif. Par ailleurs, *Jupiter* éclairera votre secteur d'argent du 4 avril au 16 mai et vous permettra peut-être d'augmenter vos revenus pendant cette période. Et si c'est le cas, essayez d'épargner.

Vos prévisions 2023

mois par mois

Janvier

SIGNE DU MOIS: CAPRICORNE

> 1er DÉCAN

D'abord il y a le retour de Jupiter en Bélier, tout le mois, sous la maîtrise de Mars et cela peut indiquer que vous êtes en colère. Il y a une injustice, elle date peut-être de mai-juin dernier et revient en ce début d'année. *Vous avez certainement à vous défendre, ou à attaquer,* et si cela va au tribunal, assurez-vous d'être bien défendu (ne le faites pas vous-même). Attention à Mercure, rétrograde dans votre décan du 14 au 19, puis directe du 19 au 24. Si vous avez quelque chose sur le cœur, attendez le 19 pour le « sortir ».

> 2e DÉCAN

Bon anniversaire (du 1er au 10), le Soleil passe par votre décan et sera en harmonie avec Uranus jusqu'au 9, vous incitant *à sortir de la routine et de ses habitudes sclérosantes.* Vous serez également plus conscient de votre évolution, du bon travail que vous avez fait sur vous-même et sur votre image. Disons qu'elle ne vous impose plus autant sa loi ! En outre, Mercure sera chez vous en marche directe du 24 au 3 février : profitez-en pour vous exprimer librement (week-end du 28), quitte à choquer, ou en tout cas à remuer les consciences.

> 3e DÉCAN

Tout doucement, sans faire trop de bruit, Pluton quitte votre signe (elle y était entrée en 2008, pour atteindre votre décan en 2018). La planète sera cependant encore conjointe à votre Soleil les 18, 19, voire une partie du 20 janvier, *vous rappelant que le pouvoir ne se sollicite pas, mais plutôt qu'il se prend.* Et que lorsque vous l'avez – ce qui est peut-être votre cas – il ne faut pas en abuser sous peine de se le voir enlever.

Évitez toute négativité pendant ces quelques jours, elle ne vous servirait à rien qu'à disséminer du pessimisme autour de vous.

CÔTÉ CŒUR

Vénus occupera votre voisin, le Verseau, du 3 au 27 du mois, chaque décan à son tour. Cela indique que vous pourriez, volontairement ou non, vous priver des plaisirs que Vénus offre généreusement quand elle y est disposée. Mais il semble que *vous-même ne serez pas très enclin à vous accorder du plaisir, à vous faire des petits cadeaux,* ou à satisfaire votre gourmandise, qu'elle soit alimentaire, financière ou sensuelle. Notamment après le 19, si vous êtes du 3*e* décan. Vous serez encore plus rigoureux et exigeant que les autres décans qui, pourtant, ne seront pas très souples !

COMMENT POSITIVER ?

En étant une meilleure version de vous-même ! C'est votre période anniversaire, il est donc normal que vos qualités et défauts soient mis en avant. Mais s'il y a bien une chose dont vous êtes capable, ce n'est pas de changer vraiment, mais d'évoluer à votre rythme et dans la direction que vous souhaitez. Et c'est ce que certains natifs du **2e**, puis du 3*e* décan par la suite sont et seront capables de faire cette année.
Le plus important : vous faire confiance et faire confiance à la vie.
À NOTER : la nouvelle Lune du 21 janvier, se forme dans le 1*et* décan du Verseau et regarde votre 1*et* décan. Une question d'argent peut vous préoccuper autour de cette date, peut-être parce que vous aurez un achat à faire et que vous aurez peur de vous tromper, de ne pas acheter exactement ce dont vous avez besoin, ou de le payer trop cher. À moins que vous ne fassiez partie des Capricorne qui se fichent totalement de l'argent…

Février

SIGNE DU MOIS: VERSEAU

> 1er DÉCAN

Jupiter reste en relation avec vous jusqu'au 20. Né après le 28 décembre, les tracasseries judiciaires ou administratives seront encore d'actualité, mais ne reviendront plus après le 20. Protégez-vous et n'oubliez pas de vous faire aider d'un conseil professionnel si nécessaire. Par ailleurs, Mercure occupera votre secteur financier du 11 au 18 du mois et si vous attendez *une rentrée ou si vous avez de l'argent à placer, c'est une période qui y sera favorable.* Toutefois, il est aussi possible que vous espériez être gratifié d'une somme, d'une compensation peut-être, à la suite d'un litige.

> 2e DÉCAN

Avant que Jupiter ne vous envoie des influx, il y a ceux de Mars dont il faut tenir compte (tout le mois, chacun à son tour pendant 3 ou 4 jours). Votre secteur du travail et de la forme reçoit Mars et soit *vous allez avoir plus de travail que d'habitude,* soit vous lutterez contre un envahisseur, c'est-à-dire un virus (rhume, grippe). Mais il se peut aussi que vous ayez un désaccord avec un collègue. À partir du 20, c'est Jupiter qui ne sera pas en phase et qui vous obligera à vous défendre contre une injustice. À moins qu'il ne soit question d'un déménagement, de travaux chez vous ou encore d'héberger quelqu'un.

> 3e DÉCAN

La semaine du 13 verra le Soleil Verseau entrer en conjonction avec Saturne, les deux se trouvant dans votre secteur d'argent. Soit vous serez en manque de ce côté-là et vous chercherez une solution pour pouvoir finir le mois correctement, soit il est possible que vous perdiez une somme, *ou que vous ayez l'impression d'avoir perdu de l'argent parce que vous avez trop dépensé.* Quoi qu'il en soit, la conjoncture vous conseille d'économiser, de mettre de côté dans le but de solder une dette, par exemple. Mais évitez d'économiser sur la nourriture, vous n'avez que trop tendance à ignorer vos besoins dans ce domaine.

CÔTÉ CŒUR

Jusqu'au 20 Vénus occupera vos amis Poissons, d'où elle vous enverra de très agréables influx, propices aux relations complices. Que ce soit avec vos frères et sœurs, vos voisins, etc., vos liens se resserreront et prendront plus de valeur à vos yeux. Cela dit, certains d'entre vous pourraient être en froid avec un de leurs proches, pour des histoires d'héritage, par exemple… En couple, vous vous confierez davantage l'un à l'autre et ferez front commun si jamais vous vous sentez agressé, ou mal traité. Un petit flirt ? Amusez-vous, c'est le moment d'être un peu plus léger…

COMMENT POSITIVER ?

Imprégnez-vous, si possible, de la fantaisie du Verseau, vous êtes souvent trop sérieux et anxieux. Et occupez-vous de vous, de vos besoins, en tout cas si personne ne le fait, soyez votre propre ami et offrez-vous des petits plaisirs au quotidien. Évitez aussi d'être trop détaché du côté matériel de l'existence ; c'est ce que beaucoup de Capricorne ont tendance à faire, alors que l'idéal serait de trouver un équilibre entre le matériel et le spirituel.

À NOTER : la nouvelle Lune du 20 février aura lieu sur le 1er degré des Poissons, non loin de votre maître Saturne. Aussi serez-vous enclin à prendre les paroles des autres très au sérieux. À moins que ça ne soit vous qui cherchiez à ce qu'on prenne davantage en compte ce que vous pensez : vous donnerez facilement vos idées, vos avis, mais de préférence à des personnes dont vous savez qu'elles en tiendront compte.

SIGNE DU MOIS: POISSONS

> 1er DÉCAN

Le Soleil des Poissons ne vous regarde plus depuis le 1er mars, mais c'est Saturne qui va faire son entrée dans ce signe le 7, pour ne plus le quitter ! C'est un bon indicateur pour la stabilité dont tout Capricorne a besoin et *vous pouvez être sûr que cette année correspondra à ce dont vous avez besoin pour vous sentir en sécurité,* tant professionnelle qu'affective. À partir du 20, face à vous Mars entamera un bon aspect avec Saturne : cette conjoncture vous incitera à être constructif et à ne pas rentrer dans le jeu de ceux qui vous cherchent des poux dans la tête. Ce qui sera sûrement le cas entre le 20 et le 14 avril.

> 2e DÉCAN

Un bon aspect de Mercure, en Poissons du 8 au 15, est l'assurance de pouvoir vous exprimer comme vous le désirez, à votre manière. Toutefois, pour une meilleure entente avec l'autre, vous devrez tenir compte de sa sensibilité et être à l'écoute de votre intuition lors de vos échanges. Vos conseils seront d'une aide précieuse pour l'un de vos proches. *Mercure étant aussi en bon aspect avec Jupiter et Uranus (les 11 et 12), vous pourriez avoir des idées que d'aucuns trouveront « libérales »* ou même provocantes tant elles sortiront des sentiers battus. Mais n'hésitez pas, ce sera un atout par rapport à ceux qui pensent comme tout le monde.

> 3e DÉCAN

Les influx les plus importants de ce mois de mars viendront de Mars, qui est de retour dans le 3*e* décan des Gémeaux comme en octobre 2022, et reforme une dissonance avec Neptune entre le 4 et le 20. Cependant, ça ne sera pas si négatif que ça car je vous rappelle que Neptune est en bon aspect avec vous. *Mars étant dans votre secteur du travail, on peut penser que vous serez un peu débordé, que vous n'aurez pas d'heure* et que vous serez parfois sur les genoux quand vous rentrerez le soir. Si vous ne travaillez pas, attention aux maladresses et surtout surveillez tout ce qui touche à l'eau, aux conduites d'eau et même de gaz (Neptune est leur symbole).

CÔTÉ CŒUR

Vénus passe une partie du mois sous la tutelle de Mars, c'est-à-dire en Bélier. Pour le Capricorne, c'est le moment d'agir, d'exprimer vos sentiments, même si vous le faites de manière un peu brusque et maladroite parce que le Bélier manque souvent de délicatesse et donc, Vénus aussi. Cependant, *si vous cherchez à conquérir quelqu'un, il est sûr que vous pourrez avoir de bons résultats avec une Vénus aussi dominatrice* (le Bélier est un signe guerrier). Vénus sera conjointe à Jupiter (cela arrive une fois par an) entre le 1er et le 10, et ce sera peut-être une aubaine pour le **2e** décan : il n'est pas exclu que vous ayez un coup de cœur pour quelqu'un de votre passé, un ou une ex. À moins que vous ne tourniez une page.

COMMENT POSITIVER ?

Tout en douceur et en feeling, ce sera la meilleure manière d'aborder vos relations avec votre entourage, et même vos clients : ils seront en vedette ce mois-ci. Vous optimiserez ce domaine en étant à l'écoute et en exprimant votre empathie vis-à-vis de ceux qui ont besoin d'être rassurés et réconfortés. Normalement, vous savez vous y prendre quand il le faut... En outre, s'il y a des vacances pour vous, ne culpabilisez pas de laisser tomber le boulot quelques jours : profitez-en pour lire, faire ce que vous aimez et vous détendre.
À NOTER : la nouvelle Lune du 21 mars se fera dans le 1*et* décan du Bélier, en regard de votre 1*et* décan et sera conjointe à Mercure. Soit

vous aurez la visite de quelqu'un de la famille qui s'installera chez vous pour quelques jours, soit c'est vous qui irez chez un proche si vous prenez des vacances. En harmonie avec Pluton, la nouvelle Lune sera également très positive (né autour des 22, 23 décembre), cette fois pour vos finances. Il pourrait être question d'argent venant de la famille.

SIGNE DU MOIS: BÉLIER

> 1er DÉCAN

Mars s'opposera à vous jusqu'au 14, cela peut vous valoir un conflit, quelque chose où l'émotionnel aura une grande part et où vous devrez probablement vous montrer très diplomate si vous ne voulez pas avoir de problème. Cela peut autant être privé que professionnel. Mais en même temps, étant donné que Saturne est en bon aspect avec vous, on peut penser que c'est votre fermeté, votre persévérance et parfois votre ambition qui peuvent vous conduire à voir les autres comme des adversaires. Mercure sera en phase du 5 au 10, profitez de cette période pour réfléchir sur vous-même et sur vos comportements avec autrui.

> 2e DÉCAN

Le Soleil du Bélier éclairera votre secteur intime jusqu'au 10 : vous aurez certainement des efforts à fournir parce que vous aurez plus à faire que d'habitude et il apparaît, quand on voit les aspects de Mars, que vous ne serez pas aidé ! Quelqu'un vous mettra des bâtons dans les roues, ou c'est vous qui serez fatigué. D'autant plus qu'après le 14, ce sera à vous de recevoir l'opposition de Mars et que, comme le 1*et* décan, vous serez bien obligé d'être dans le compromis, vous ne pourrez pas imposer vos volontés face à quelqu'un qui voudra être plus fort que vous. Mercure entamera un bon aspect le 11 et jusqu'à la fin du mois, le mieux sera de réfléchir à la manière de tourner la situation en votre faveur.

> 3e DÉCAN

Jupiter vous envoie tout le mois un aspect depuis le Bélier et comme le Soleil y sera aussi, c'est un climat de rivalité qui peut s'installer. Je ne doute pas que ce soit stimulant pour ceux d'entre vous qui ont confiance en eux et qui savent riposter. Mais tout le monde n'est pas pareil et certains pourraient se sentir incapables de se battre, que ce soit par orgueil ou par manque de moyens. Cela dit, comme nous l'avons déjà évoqué, il n'est pas impossible que vous achetiez un bien immobilier, ou que vous vous sépariez de l'un au profit d'un autre, plus grand. Un déménagement ou des travaux se profilant à l'horizon. D'ailleurs, Uranus se rapproche de vous et c'est un indicateur de changement.

CÔTÉ CŒUR

Vénus sera très agréable jusqu'au 11 pour le 3e décan. Elle occupera un des secteurs sentimentaux de votre thème et vous serez plus enclin à ressentir les élans amoureux si vous êtes en couple. Célibataire, il n'est pas exclu que vous fassiez une rencontre en tout début de mois, une rencontre qui vous surprendra. Ou plutôt c'est ce que vous ressentirez qui vous surprendra car la personne ne sera peut-être pas votre genre... Après le 11, Vénus occupera le très amusant signe des Gémeaux, celui qui apprécie le flirt, et vous aurez affaire à des personnes qui flirteront avec vous, ce qui ne sera en rien révélateur de leurs sentiments. Il semble que ce sera plus un jeu : à vous de voir si vous voulez y entrer ou non.

COMMENT POSITIVER ?

Vous tirerez le meilleur parti de la conjoncture en acceptant d'affronter vos adversaires, ou en trouvant le moyen de les désarmer, ce qui les surprendra. Mais il ne s'agira probablement que de petites échauffourées en famille, avec votre conjoint ou avec un enfant. Vous ne serez pas d'accord et le mieux à faire c'est d'expliquer votre point de vue et de rester ferme. Tant pis pour votre interlocuteur s'il ou elle ne vous écoute pas. Il/elle entendra malgré tout.

À NOTER : une nouvelle Lune aura lieu tard, le 20 avril, elle occupera le dernier degré du Bélier, elle sera presque en Taureau et on peut donc penser qu'elle s'inspirera des deux. En tout cas, né à la toute fin du signe, la nouvelle Lune est en rapport avec la famille, la maison, voire votre passé, mais son voisinage avec le Taureau peut aussi lui donner un côté sentimental à ceux du tout début du signe (21, 22 décembre). De belles rêveries amoureuses, peut-être ?

SIGNE DU MOIS: TAUREAU

> 1er DÉCAN

Ce mois Taureau voit l'arrivée de JUPITER dans ce même signe, où la planète avait séjourné en 2011, 2012 et vous avait peut-être mis en vedette, ou vous avait rendu fier de vous. *Étant donné que c'est un bon aspect, il ne vous sautera pas aux yeux, mais vous serez flatté par des compliments,* justifiés ou non. Souvent, le Capricorne trouve que les compliments sont manipulateurs et il ne les accepte pas facilement. Mais avec Jupiter, on a des preuves, c'est-à-dire des « honneurs » et cela devrait être le cas ce mois-ci, mais ce sera rapide car la planète elle-même est rapide.

> 2e DÉCAN

Votre ciel n'est pas très occupé ce mois-ci ! Seul le Soleil du Taureau vous enverra ses chauds rayons entre le 1er et le 11 du mois. Vous vous sentirez bien dans votre peau, créatif, prêt à tout pour montrer que vous existez et que vous avez la baraka. D'ailleurs, ceux qui sont joueurs constateront qu'ils gagnent plus souvent. *Toutefois, les créations ainsi que les enfants seront également en première ligne* pendant cette période, soit parce que vous serez fier de l'un d'entre eux, soit parce que vous essayerez d'avoir un bébé. Et avec Jupiter qui arrive bientôt, il est possible que bébé soit déjà en route !

> 3e DÉCAN

Le temps fort de ce mois c'est l'entrée d'Uranus dans le 3e décan du Taureau, en bon aspect avec votre décan pour 18 mois. Sous sa gouverne, votre intérêt est de répondre positivement à ce que la vie vous propose. Ne cherchez pas à maîtriser et à contrôler, au contraire lâchez prise et laissez-vous guider par Uranus, l'étoile du changement et de la nouveauté. Vous allez probablement créer quelque chose au cours des prochains mois, une nouvelle vie pour les uns, une entreprise pour les autres. Et surtout, vous allez pouvoir vous libérer de contraintes bien ancrées en vous et qui vous empêchaient d'exister pleinement.

CÔTÉ CŒUR

Avant de s'opposer à vous depuis le Cancer, Vénus termine son transit en Gémeaux et si vous êtes du 3*e* décan, vous aurez peut-être un coup de cœur pour un collègue, ou en tout cas pour quelqu'un qui vous fait rire. Sa compagnie vous détendra. Après le 7, Vénus s'opposera au 1*et* décan jusqu'au 16, au **2**[e] du 16 au 26, au 3e par la suite. *C'est un bon aspect qui va donner du relief à votre vie sociale.* Vous serez invité, il y aura des soirées où vous ferez des rencontres, brèves mais qui vous feront rêver pendant quelques jours. Pour les couples, il y aura un équilibre, vous sentirez que c'est du solide ; certains pourraient s'engager (1*et* décan surtout).

COMMENT POSITIVER ?

En vous inspirant du côté bon vivant et épicurien du Taureau. Essayez de trouver du plaisir dans tout ce que vous faites, et cela ne devrait pas être trop compliqué avec l'arrivée de Jupiter dans ce même signe. Soyez gourmand des bonnes choses de la vie, vous avez trop souvent tendance à vous priver (vous avez vos raisons et ce ne sont pas les mêmes pour chacun). Ce mois-ci, il faudrait vous lâcher et cultiver votre jardin intérieur (extérieur aussi).

À NOTER : la nouvelle Lune du Taureau a lieu le 19 dans le 3*e* décan du signe, en bon aspect avec Neptune. Elle est donc empreinte de beauté, de douceur, voire de tendresse : ce sont les caractéristiques du Taureau, mises en avant par cette nouvelle Lune. Mais il y a un revers à la médaille : vous vous reprocherez, ou on vous reprochera d'être égoïste parce que vous penserez plus à vous que d'habitude. Ce dont je vous félicite !

SIGNE DU MOIS: GÉMEAUX

> 1er DÉCAN

Mars avait entamé un aspect avec vous le 20 mai et il se poursuivra jusqu'au 6 juin. Votre énergie, votre volonté et votre détermination s'appliqueront parfaitement à votre activité surtout si vous avez quelque chose à reprendre, à réparer ou à rénover. *Vous avancerez rapidement, mais ne négligerez aucun détail* et le résultat de vos efforts sera à la hauteur ! En effet, Jupiter en Taureau sera en relation avec vous tout le mois et tout ce que vous entreprendrez réussira. Vous serez fier de vous ou, comme nous l'avons déjà vu, de l'un de vos enfants.

> 2e DÉCAN

Du 6 au 23, vous recevrez à votre tour les influx de Mars depuis votre secteur 8 et soit vous serez en crise (financière ou autre) mais pendant quelques jours (3 ou 4 maximum), *soit vous vous efforcerez de refaire quelque chose, de réparer, de rénover* une pièce de votre maison, voire un objet. Avec le secteur 8, on peut autant construire que détruire ! Puis, du 17 au 22, Mercure occupera le secteur de vos activités quotidiennes, dont le travail fait partie. Vous aurez quelques passagères difficultés à obtenir la concentration dont vous avez besoin.

> 3e DÉCAN

À partir du 23 et jusqu'au 10 juillet, ce sera à vous de recevoir les énergies de Mars, mal aspectée par Uranus depuis le 20 et qui le sera encore jusqu'à la fin du mois à peu près. La planète évoluera dans le secteur des crises et qui gère aussi votre argent et *il semble que vous serez très impatient de recevoir une somme qui vous est due.* Vous aurez certainement à réclamer et vous ne le ferez pas en douceur. Mais vous aurez raison, il y a de la mauvaise volonté dans le fait qu'on est en retard pour vous payer et vous n'avez pas l'intention de vous laisser faire.

CÔTÉ CŒUR

Vénus commence une longue boucle en Lion où elle entre le 5 et elle n'en ressortira pas avant le 9 octobre ! Ce mois-ci, elle sera en marche directe et traversera les deux premiers décans du signe, correspondant donc à vos deux premiers décans (le 1er jusqu'au 16). Valorisée en Lion, Vénus ne l'est pas dans le secteur qu'elle occupe qui est celui des crises. Cela dit, c'est aussi un secteur qui parle de sexualité, de fantasmes et il est très possible que quelqu'un vous fasse beaucoup fantasmer pendant la période (surtout **2e** et 3e décans). En couple, il peut y avoir un renouveau, ou au contraire une crise parce que vous avez envie d'autre chose.

COMMENT POSITIVER ?

Il n'est pas sûr que vous appréciiez les qualités des Gémeaux, vous positiverez en évitant justement ses petits défauts. C'est-à-dire en restant concentré sur vos objectifs, mais pas tous en même temps : l'un après l'autre, du plus important au moins important. Vous éviterez également et avec soin toute forme de désinvolture, de légèreté, tout en vous disant que vous accordez trop d'importance à certaines choses et que vous ne savez pas ce qu'est l'insouciance.
À NOTER : la nouvelle Lune des Gémeaux se tiendra le 18 dans le 3e décan du signe, en relation avec votre 3e décan, et sera en dissonance pratiquement exacte avec Neptune. Pour vous, c'est top ! Je vous l'ai dit plus haut, Neptune est là pour que vous soyez plus détendu, plus relax, même dans des circonstances importantes. Avec cette nouvelle Lune et avec Neptune, vous saurez bannir toute nervosité, même si vous ou l'un de vos enfants passez des examens.

SIGNE DU MOIS: CANCER

> 1er DÉCAN

Vous serez très dynamique, voire sportif, une grande partie du mois grâce à la présence de Mars en Vierge. Bien sûr, vous ferez du sport en fonction de votre âge, de votre forme et de vos habitudes, mais Mars en Vierge (à partir du 10) se révélera très positive parce que vous aurez de l'énergie pour faire ce que vous avez envie de faire (du tourisme ?). Par ailleurs, vous serez très brillant et plein d'humour dès que vous serez en société, alors que dans l'intimité, vous aurez tendance à vous replier un peu (entre le 11 et le 17).

> 2e DÉCAN

Le Soleil vous fait face et vous demande de prendre la sensibilité des autres en considération. Vous serez peut-être en vacances à plusieurs et vous aurez intérêt à tempérer vos humeurs de manière à ce que tout se passe bien avec vos proches. Et il n'y a aucune raison pour que ça dérape : Jupiter sera en harmonie avec vous tout le mois et vous serez emballé par l'endroit où vous serez. Et si vous n'êtes pas en vacances, c'est un succès que vous (ou un de vos enfants) aurez obtenu qui vous emballera.

> 3e DÉCAN

La semaine du 10 devrait être la plus intéressante car le Soleil du Cancer sera en harmonie avec Uranus et celle-ci le sera avec vous. Il y a quelque chose qui va circuler, venant des autres ou allant vers les autres et ce sera, normalement, une très bonne période. Mais, évidemment, cela peut aussi correspondre à un départ en vacances et il est possible que ce soit vers une destination inconnue et que vous allez découvrir avec beaucoup de plaisir. Vous-même ne vous sentirez pas comme d'habitude, vous serez plus sûr de vous.

CÔTÉ CŒUR

Vénus est encore en Lion, elle va stationner dans le 3*e* décan du signe ce mois-ci pour entamer une rétrogradation le 23, tout en restant dans ce même décan. Si vous êtes né après le 11 janvier, deux situations peuvent se présenter : soit vous éprouvez des sentiments intenses et un fort désir pour quelqu'un qui ne sait absolument pas ce que vous ressentez, mais ce n'est pas désagréable ! Soit vous êtes en couple et vous vous démenez pour le « réparer » et faire en sorte qu'il continue à exister en dépit de disputes assez fortes (début du mois surtout).

COMMENT POSITIVER ?

Si vous êtes de ceux qui ont un problème de couple, comme peut l'indiquer la boucle de Vénus, c'est en étant plus attentif à l'autre et à ses besoins que vous avez des chances d'arranger les choses. Apparemment, le problème vient de votre manière d'être en relation avec l'autre et c'est en la modifiant que vous pouvez espérer améliorer votre situation. Cependant, cela passe par une crise qu'il ne faut pas éviter, mieux vaut l'affronter.

À NOTER : la nouvelle Lune du Cancer aura lieu le 17 dans le 3*e* décan du signe, face à votre 3*e* décan qui peut donc être en pleine crise conjugale. Cette nouvelle Lune sera en harmonie avec Uranus, vous avez donc la possibilité de changer, de vous ouvrir à l'autre afin de faire évoluer votre relation. C'est le bon moment ! Les énergies sont propices au changement et vous le constaterez par vous-même dès que vous adopterez une attitude différente.

SIGNE DU MOIS: LION

> 1er DÉCAN

Mercure et Saturne s'opposent en début de mois, ce qui risque de vous ralentir voire de vous bloquer dans vos déplacements. *À moins que vous ne puissiez pas faire une démarche qui serait pourtant indispensable :* certains auront besoin d'un visa ou d'une sorte de laissez-passer pour partir en vacances, par exemple. C'est le seul aspect vraiment marquant de ce mois d'août, avec celui du Soleil en Vierge à partir du 23 et qui dopera votre envie de vous investir à fond dans un boulot. À moins que vous ne fassiez un voyage culturel à cette date.

> 2e DÉCAN

Vous recevrez de bons influx de Mars jusqu'au 12, de l'énergie très maîtrisée et contrôlée et que vous pourrez autant utiliser dans le sport si vous êtes en vacances (randonnées, sports d'endurance) que de manière intellectuelle dans *un désir de vous cultiver davantage, ou d'aborder un nouveau sujet qui vous passionnera.* Mercure boostera Mars la semaine du 7, probablement la plus active du mois et que vous travailliez ou non, vous serez sur le pont, parfois debout de très bonne heure !

> 3e DÉCAN

Du 12 au 27, ce sera à votre tour de recevoir de bonnes et sportives vibrations de Mars en Vierge. Mais agiront-elles sur vos énergies physiques ou sur votre intellect ? Difficile à savoir sans votre thème. Les deux sont possibles et comme *il y a toujours une notion de compétition avec Mars, il y aura de la rivalité dans l'air.* Mais comme d'habitude, vous serez « classe » ! Par ailleurs, à partir du 17, vous aurez une bonne surprise côté échanges, mais après le 24, vous attendrez qu'une promesse soit tenue.

CÔTÉ CŒUR

Vénus rétrograde tout le mois, dans le 3*e* décan du Lion jusqu'au 14, puis dans le **2e** par la suite. le 1*et* décan est mis à l'écart, mais cela signifie qu'il n'y a aucun remous dans votre couple ou que rien ne vient troubler votre solitude ! Pour les autres, *cette rétrogradation de Vénus devrait vous faire réfléchir à votre couple,* ou à votre situation affective en général, notamment les deux premières semaines du mois où Vénus sera en relation avec Uranus. Vous aurez besoin d'un renouveau et chercherez à ne plus subir certaines contraintes par amour.

COMMENT POSITIVER ?

Évitez les situations de crise, les jalousies et si vous êtes dans le doute, n'y restez pas : faites ce qu'il faut pour qu'une mise au point ait lieu et que vous y voyiez plus clair. C'est bien sûr votre vie sentimentale qui aura besoin de clarification et la meilleure manière n'est certainement pas de garder les choses pour vous et de vous ronger de l'intérieur. Faites-vous violence : mettez les choses sur la table et ne laissez rien évoluer dans l'ombre.

À NOTER : la nouvelle Lune du 16 août sera en relation avec votre 3*e* décan, mais en dissonance exacte avec Uranus. Étant donné que cette planète est en bon aspect avec votre décan, il ne faut pas interpréter cette conjoncture négativement. Au contraire, *c'est le moment où vous allez pouvoir faire la mise au point qui s'impose* afin que vous vous sentiez plus libre. Toutefois, une question financière peut aussi être à examiner.

Septembre

SIGNE DU MOIS: VIERGE

> 1er DÉCAN

Mars sera en haut de votre ciel, dans votre secteur professionnel jusqu'au 12 du mois. C'est justement le moment de viser haut, de *vous créer des objectifs à la mesure de vos compétences et de vous investir à fond dans ce que vous déciderez de faire,* ou dans ce qu'on vous demandera. Par ailleurs, du 11 au 20, Mercure sera en harmonie avec vous depuis la Vierge, signe ami, vous pourrez alors déployer toute la puissance de votre intellect pour justifier quelque chose que vous aurez décidé de mettre en place.

> 2e DÉCAN

Vous recevrez tout d'abord les influx de Mercure rétrograde du 1er au 10. Cela ne signifie pas que votre esprit sera rétrograde, mais il travaillera tout seul, un peu en boucle parce que vous aurez mille détails à résoudre quotidiennement. Cela cessera après le 16 quand Mercure reprendra une marche directe. Du 12 au 27, vous recevrez un aspect dynamique de Mars en Balance *qui indique que vous pourriez avoir du mal à vous entendre avec un supérieur,* ou à accepter une décision qui aura été prise.

> 3e DÉCAN

Mars ne sera en rapport avec vous qu'après le 27, nous en parlerons le mois prochain. C'est le Soleil qui sera l'astre le plus brillant dans votre ciel, et d'ailleurs il éclairera votre intellect qui est généralement lui aussi très brillant ! Votre culture sera votre point fort, mais on peut aussi envisager, pour certains, une formation, un stage, une mise à jour de vos connaissances. Vous serez très curieux de quelque chose de nouveau autour du 15 du mois, à moins que vous n'appreniez une bonne nouvelle à propos d'une cause qui vous tient à cœur.

CÔTÉ CŒUR

Vénus continue à faire des allers et retours en Lion, le secteur 8 de votre zodiaque, celui qui représente vos fantasmes, vos désirs sexuels, mais aussi les petites crises qui agitent souvent un couple pour des détails ; et en période Vierge, « le diable est dans les détails » ! Si votre histoire est récente, il y aura peut-être ce détail qui tue et qui fait que la relation n'a pas d'avenir (selon vous). Si vous êtes en couple, il y a peut-être eu des jalousies, des rapports de force, et cela risque d'être accentué ce mois-ci, Jupiter en dissonance avec Vénus jouant son rôle d'amplificateur.

COMMENT POSITIVER ?

Il semble que la Vierge vous incitera à positiver, presque malgré vous ! C'est le secteur du ciel qui vous donne confiance en vous, et un peu plus que d'habitude dans les autres. Loin d'être naïf, vous serez conscient du fait que vous ne pouvez pas douter de tout le monde, sinon la vie est un enfer. Quelqu'un pourrait vous donner de très bons conseils, écoutez-les, faites-lui confiance au lieu de douter.
À NOTER : la nouvelle Lune a lieu le 15 septembre dans le 3*e* décan de la Vierge et regarde donc votre 3*e* décan. En outre, elle forme un très bon aspect avec Uranus et si vous êtes né autour du 12 janvier, vous constaterez que vous avez progressé dans le processus de prise de liberté et d'indépendance que la vie vous propose. Vous vous occupez moins de ce qu'on pense de vous, du jugement des autres.

SIGNE DU MOIS: BALANCE

> 1er DÉCAN

Du 5 au 10, Mercure sera au zénith de votre zodiaque et ce sera le bon moment pour demander un rendez-vous (et l'obtenir) ou pour terminer un travail que vous jugiez difficile mais qui ne l'aura pas été tant que ça ! *Du 12 au 26,* Mars en Scorpion, en harmonie depuis votre secteur des projets vous invite à tirer des plans sur la comète, ou à obtenir une aide. Mais vous pourrez, vous aussi, aider. *Du 22 au 28,* avec Mercure en Scorpion, vous aurez la dent dure avec vos proches ; restez mesuré !

> 2e DÉCAN

Du 3 au 13, le Soleil éclaire votre secteur professionnel et vous donne l'occasion de vous faire remarquer parce que vous détecterez un problème avant les autres, ou rapporterez plus d'argent que les autres. *Du 10 au 16,* Mercure aussi sera au zénith et là il sera question d'un rendez-vous, d'une discussion autour d'un accord à trouver. Et comme il n'y aura pas de dissonance, tout devrait bien se passer si vous êtes conciliant. *Après le 26,* Mars décuplera votre besoin de défendre une cause.

> 3e DÉCAN

Du 1*et* au 5, vous recevrez un rapide aspect de Mercure mais il ne vous est pas conseillé d'avoir une explication durant cette période car votre interlocuteur ne vous dira pas la vérité, que ce soit par timidité ou parce qu'il/elle cherchera à vous cacher quelque chose. En même temps, du

1er au 11, Mars occupera la Balance (signe du mois, donc plus fort) et il se peut que quelque chose cloche au boulot, que vous soyez en froid avec un supérieur, peut-être celui qui cherchera à vous faire des cachotteries, qui sait ? Toutefois, il peut aussi y avoir un petit souci dans la maison, une fuite par exemple.

CÔTÉ CŒUR

3e décan, vous recevrez encore les influx de Vénus en Lion *jusqu'au 9,* vous serez donc dans la même ambiance qu'en septembre, à part que vous aurez peut-être une décision à prendre. Par la suite, Vénus en Vierge regardera *le 1er décan jusqu'au 20* et sera opposée à Saturne du 9 au 15. Vous risquez de vous poser des questions, de ne pas être en confiance alors que vous le devriez ! ***2e** décan,* Vénus sera en phase du 20 au 30, en bon aspect avec Jupiter *jusqu'au 27,* une des périodes les plus agréables de ces derniers mois, où vous serez plus en confiance que jamais. Et si vous êtes célibataire, quelqu'un vous intéressera.

COMMENT POSITIVER ?

En période Balance, il ne faut surtout pas rechercher le conflit, aussi dès que vous sentirez qu'un rapport de force risque de s'installer, votre intérêt est de désamorcer les choses rapidement. Même si cela vous demande l'effort de faire un compromis ou d'accepter quelque chose que vous n'accepteriez pas en temps normal. Et même chose en amour. *À NOTER : la nouvelle Lune du 14* se forme dans le 3*e* décan de la Balance et éclaire donc votre secteur professionnel. Vos ambitions, vos objectifs, sont en première ligne, et ils seront votre priorité jusqu'au 23. Cette nouvelle Lune ne forme aucun aspect et si vous êtes né autour du 12 janvier, vous avez plus de chances que les autres d'atteindre vos objectifs.

Novembre

SIGNE DU MOIS: SCORPION

> 1er DÉCAN

Saturne reprend sa marche directe le 4 et *reforme le même bon aspect avec vous qu'en mars dernier.* Ambitions renouvelées ou objectifs atteints, quoi qu'il en soit si rien n'est jamais facile avec Saturne ce que vous obtenez ou avez obtenu restera gravé dans le marbre. *Entre le 10 et le 16,* prévoyez une légère contrariété, un rendez-vous annulé ou reporté, une fausse intuition, une erreur quelconque voire un oubli. Et puis, *à partir du 7,* Jupiter sera de nouveau en phase avec vous et une réussite ou l'arrivée d'un enfant seront de nouveau possibles.

> 2e DÉCAN

Du 1er au 10, vous aurez la pêche, surtout pour communiquer vos idées, convaincre, et faire avancer vos projets. Certes, il faudra vous investir à fond, mais c'est dans vos habitudes, cela ne vous demandera pas des efforts considérables. Dans le même temps *du 2 au 12,* le Soleil en Scorpion sera conjoint à Mars et cela doublera votre efficacité. Il ne fera pas bon se trouver sur votre chemin et essayer de vous barrer la route. Si vous avez décidé de quelque chose, vous y mettrez tout votre poids, rien ne vous arrêtera. *Du 17 au 23,* votre intuition fonctionnera mieux que votre raisonnement, faites-lui confiance.

> 3e DÉCAN

Comme le **2e** décan, vous serez rempli d'une énergie positive *entre le 10 et le 22,* grâce à la conjonction entre le Soleil et Mars, dans le signe de Mars (le Scorpion). Renforcées, les planètes de Feu vous inciteront à l'action, voire à prendre la direction des événements. Vous aurez l'espoir de réussir et, a priori, vous pouvez espérer, vous avez toutes vos chances. Vous êtes des personnes réalistes, pragmatiques et quand vous espérez c'est que vous avez des certitudes intimes. Toutefois, *entre le 23 et le 30,* méfiez-vous de votre imaginaire, il pourrait vous emmener trop loin !

CÔTÉ CŒUR

Jusqu'au 8, si vous êtes du 3*e* décan, vous serez plutôt bien dans votre peau, il y aura de la détente et, comme le mois dernier, un regain de confiance en votre partenaire, et même parfois en l'amour lui-même. *Après le 8,* Vénus occupera la Balance, qui est votre secteur professionnel et on peut en déduire plusieurs choses : que vous atteindrez un objectif et en serez ravi (1er et **2e** décans), ou que vous obtiendrez un accord, un feu vert dont vous avez besoin. Mais il se peut aussi que vous soyez un roc pour celui ou celle que vous aimez, ou que lui ou elle-même vous donne des preuves solides de l'amour qu'il/elle vous porte.

COMMENT POSITIVER ?

En ne doutant pas de vous et encore moins de votre avenir ! Le Capricorne n'est pas facilement en confiance et il faut dire que ce mois du Scorpion n'est pas non plus très sûr à ce niveau-là. Mais vous avez droit aux bons influx de Jupiter et, selon sa force dans votre thème natal, elle peut vous permettre d'élever votre taux de confiance et, par là même, d'obtenir la confiance des autres si vous en avez besoin.
À NOTER : la nouvelle Lune du Scorpion aura lieu le 13 et occupera le 3*e* décan. C'est donc votre 3*e* décan qui sera en harmonie avec cette nouvelle Lune plutôt prometteuse puisqu'elle occupe votre secteur des projets et espoirs. C'est donc autour du 13 que vous pourrez le mieux vous projeter dans l'avenir et imaginer (fonction lunaire) comment atteindre vos buts et parvenir à grimper les échelons (fonction solaire).

Décembre

SIGNE DU MOIS: SAGITTAIRE

> 1er DÉCAN

Du 1er au 23, et active jusqu'au 13, Mercure stationnera dans votre décan, ne formant que des bons aspects. Vous vous exprimerez avec sérieux, vous serez patient avec vos interlocuteurs et respectueux de leur point de vue. En outre, ce sera le bon moment pour vos rendez-vous (jusqu'au 13), contacts et démarches de toute nature. Certains seront dans une phase de développement, soit parce que vous apprendrez quelque chose, ferez une formation ou encore parce que vous mettrez un voyage au point. *Par ailleurs, jusqu'au 8,* ne prenez aucune décision importante, vous pourriez vous tromper ou être mal influencé.

> 2e DÉCAN

Du 2 au 12, le Soleil occupera votre secteur d'ombre et cela confirme le fait que vous pourriez vous préparer à quelque chose à travers un apprentissage, une formation, à moins que vous n'ayez un voyage à mettre au point. Toutefois, étant donné que Mars sera également dans votre secteur d'ombre *du 8 au 22,* toute votre énergie ira dans ce que vous préparez. Cependant, il n'est pas impossible, selon votre thème natal, que vous ayez attrapé froid et que vous ne soyez pas dans une forme olympique pendant quelques jours. Certains, très prudents, s'isoleront justement pour éviter d'attraper quelque chose.

> 3e DÉCAN

Du 12 au 22, ce sera à vous de recevoir les vibrations du Soleil en Sagittaire et si vous ne préparez pas un voyage ou des vacances, vous pourriez bien être sur le point de partir et vous ne penserez qu'à cela ! En tout cas, vous aurez besoin d'avoir un temps de repos qui vous éloigne momentanément de votre travail, de manière à vous ressourcer et à faire le bilan de l'année écoulée. *Après le 22,* le Soleil cédera la place à deux autres planètes, Mercure et Mars, ce qui confirme le fait que vous travaillerez moins, voire pas du tout. Soit pour cause de vacances, soit parce que vous serez patraque. Il y aura en tout cas une forme d'isolement.

CÔTÉ CŒUR

À partir du 4 et jusqu'au 29, Vénus sera très bien placée pour vous et occupera un secteur qui parle d'amitié. Mais ce secteur est ambigu et il est difficile de savoir s'il sera vraiment question d'amitié ou si vous ne serez pas plutôt dans une amitié amoureuse, ou en tout cas dans une relation difficile à définir. Cela concerne évidemment *les célibataires* susceptibles d'avoir envie de rencontrer quelqu'un. *Si vous êtes en couple,* vous retrouverez certaines affinités, les centres d'intérêt qui vous unissent, et cela boostera votre union. Il y aura probablement un renouveau autour du 20, ou même pour certains une situation un peu pimentée et qui vous sortira de la routine.

COMMENT POSITIVER ?

Quand les planètes sont en secteur 12, en Sagittaire, il faut vraiment vous motiver pour positiver ! Vous devez donc vous entraîner, ce mois-ci, à voir le verre à moitié plein et à ne retenir que ce qui arrive de bien... De toute manière, vous n'avez pas de dissonance sur vos décans, vous n'avez donc aucune raison objective de vous montrer pessimiste, ou en tout cas trop réaliste. Et essayez également de voir le bon côté de ceux qui vous entourent.

À NOTER : la nouvelle Lune du 12 décembre sera en rapport avec votre 3e décan, mais en dissonance avec Neptune, un aspect plutôt positif pour vous puisqu'il vous incite à effacer les limites. Et si ce n'est pas une bonne chose pour certains signes, c'est tout le contraire pour le Capricorne qui a parfois trop de limites. Si vous sentez que vous penchez vers le « no limit », laissez-vous aller. Tant que vous restez dans la légalité, bien sûr.

PARTIE II

Votre SIGNE astrologique

Vous êtes un signe de Terre, intègre et rigoureux, cardinal (de changement de saison). Le Soleil traverse votre signe du 21 décembre au 20 janvier (selon les années). En apparence, vous êtes une personne froide, distante, dont on dit qu'elle a trop d'ambition et pas assez de considération pour les autres. En fait, ce sont des défenses puissantes que vous avez mises en place contre votre sensibilité – que vous prenez pour une faiblesse – et vous savez parfaitement vous montrer tendre, généreux et plein d'humour quand il le faut. Sérieux, responsable et gros travailleur, vous êtes quelqu'un sur qui l'on peut compter et vous aimez protéger ceux dont vous avez la charge. Vous ne parlez que pour dire l'essentiel et préférez la qualité à la quantité. Capable de tous les dépouillements, vous aimez pourtant l'argent et le pouvoir qu'il représente. On vous reproche bien sûr votre froideur, votre manière de tout prendre au sérieux sans établir d'échelle de valeurs. Vous avez également très peur de perdre ou d'être rejeté, et vous aimez mieux prévenir que guérir. Pessimiste et fataliste, vous n'avez pas toujours confiance en la vie. Vous pensez que seuls les efforts sont récompensés. Par ailleurs, votre souci des conventions peut être agaçant. Votre santé est extrêmement solide, mais vous vous en occupez rarement. Vous allez jusqu'à ignorer vos besoins élémentaires (il existe beaucoup de cas d'anorexie chez le Capricorne), surtout quand vous êtes concentré sur quelque chose. Les os, les dents et la peau sont régis par votre signe.

Vous devez examiner soigneusement la position et les aspects de Saturne dans votre thème.

> À L'ORIGINE

Quand on s'intéresse à l'astrologie, on ne peut ignorer qu'elle fonctionne par analogies et qu'elle doit beaucoup à la mythologie. D'après Joëlle de Gravelaine, parmi les mythes du Capricorne il faut principalement compter avec la chèvre Amalthée et le dieu Pan. (Joëlle de Gravelaine, Dieux et héros du zodiaque, Robert Laffont, 1996.) La première, chèvre ou nymphe, aurait nourri Zeus dans sa petite enfance et l'aurait également protégé contre les menaces de son père, Cronos. Zeus aurait même revêtu la peau de la chèvre pour monter au ciel... Ce qui nous rappelle combien le Capricorne a la peau sensible, à quel point elle est un reflet de ses tourments intérieurs. Quant à Pan, sa mère, horrifiée par sa laideur à la naissance, le rejette. De cette dimension du mythe, nous déduisons des caractéristiques communes à tous les Capricorne : le sentiment d'être mal-aimé, abandonné et frustré. Pan sera conduit par Hermès sur l'Olympe pour divertir les dieux, car s'il est disgracieux il n'en possède pas moins un caractère gai et un beau tempérament. N'oublions jamais que le Capricorne a le sens de l'humour et de la dérision, même s'il l'exerce souvent à ses propres dépens.

> VOTRE PROFIL PSYCHOLOGIQUE

Chaque signe a sa façon bien à lui d'exister et possède ses propres qualités. Si vous êtes Capricorne, c'est parce que, au moment où vous avez vu le jour, le Soleil traversait le Capricorne. Ce qui ne signifie pas que votre personnalité dans son ensemble en soit marquée. Les autres planètes occupent d'autres signes, qui vous apportent d'autres qualités ou compétences, lesquelles vont servir votre nature Capricorne. Le Soleil est ce vers quoi nous tendons, ce que nous nous proposons de réaliser, notre idéal. En Capricorne, il représente ce que les psychologues appellent le Surmoi, c'est-à-dire l'ensemble des valeurs héritées de l'éducation et qui se retrouvent quand on se dit à soi-même : « Je dois, il faut, il ne faut pas, etc. » Il est avéré que le Surmoi est l'héritier du complexe d'Œdipe, l'un des reliquats de cette tragédie de l'enfance qui veut que l'on désire séduire le parent du sexe opposé, mais que l'on finisse par y renoncer : l'interdit de l'inceste intégré, l'enfant acquiert à la fois la notion de profondeur et celle des limites. (Philippe

Granger, Astrologie psychanalytique, Séminaire 1, Éd. du Rocher, 1996.) Le Capricorne se construit sur ce constat déprimant qu'on ne peut pas obtenir celui ou celle qu'on désire profondément, qu'il faut faire avec et que le mieux est de respecter cette forme de contrat social qui limite le désir, mais ouvre les portes du grand monde. En conséquence, soucieux des conventions et déterminé à modeler ce grand monde à son désir, le Capricorne développe une forte ambition : réussir est essentiel à ses yeux, et tout échec est insupportable. De plus, insatisfait au départ, il sera souvent déçu et surtout pessimiste, puisqu'il connaît l'issue de toute chose. Mais cette insatisfaction sera indubitablement un moteur pour ceux qui sauront faire l'effort de la dépasser un peu. Cette « sagesse », ce savoir, sont visibles très tôt dans la vie de l'enfant Capricorne, qui vous regarde d'un air grave et se plonge dans d'intenses réflexions devant ses jouets... C'est peut-être la raison pour laquelle ses parents lui font confiance et l'investissent souvent de responsabilités trop lourdes pour lui, ou d'un rôle qui n'est pas le sien et qui lui vole son enfance. D'après Philippe Granger, le travail de tout Capricorne sera de se détacher du Surmoi collectif, c'est-à-dire des conventions qui lui servent de tuteur en quelque sorte, pour aller vers le Surmoi intérieur, et donc vers la connaissance de ses propres valeurs. Car « c'est dans la mesure où l'on se retourne vers l'intérieur que l'on peut changer l'extérieur, et non pas le contraire. » (Ibid.)

> VOTRE VIE PROFESSIONNELLE

C'est vraiment un domaine pour lequel vous êtes doué et vous vous y investissez à fond ! Il faut dire que vous avez de l'ambition et que grimper l'échelle sociale fait souvent partie de vos projets. Mais il faut ne pas vous précipiter et faire du temps votre allié. D'ailleurs, vous le savez, vous qui êtes géré par Saturne-Cronos ! Déterminé, persévérant et doté d'un grand pouvoir de concentration, vous aimez tellement les études qu'il vous arrive de passer à côté de votre adolescence ! Mais celle-ci se manifestera plus tard, à contretemps. Doué pour les chiffres, amoureux de l'histoire et de votre terre natale, féru de politique, vous vous fixez généralement un but et y consacrez les deux tiers de votre temps et de votre énergie. Vous êtes nombreux à parvenir assez haut dans la hiérarchie, ce qui forcément vous isole des autres. Mais la solitude est une vieille compagne que vous fréquentez depuis l'enfance et elle ne vous fait pas peur. Vous ne craignez pas non plus les rivalités et les jalousies, bien que les combattre vous semble du temps perdu. Gagner de l'argent fait aussi partie de vos motivations et vous savez l'économiser, étant donné que vous avez l'esprit conservateur et que votre besoin de sécurité matérielle est intense. Lorsque vous êtes intéressé par une dépense qui n'est pas essentielle, vous finissez par trouver mille raisons de ne pas acheter ce qui vous tente. On ne peut pas dire, au fond, que vous vous fassiez souvent plaisir ! Toutefois, de bons résultats dans le travail valent pour vous tout l'or du monde.

> VOS DOMAINES DE PRÉDILECTION

Celui des chiffres, dans un premier temps, car vous aimez jongler avec eux : comptable, banquier, gestionnaire, inspecteur des impôts ou expert-comptable. La science fait également partie des domaines qui vous intéressent, vous appréciez la rigueur de ses raisonnements et de ses expériences : vous serez attiré par les métiers de chercheur, biologiste, pharmacien. Mais vous êtes un signe de Terre et l'on vous retrouve souvent dans des activités qui y sont liées : agriculteur, jardinier, maçon, architecte, archéologue. Enfin, tout ce qui touche à l'histoire vous intéresse : on vous rencontrera dans des bibliothèques, aux archives, dans des musées...

> VOTRE PROFIL AMOUREUX

Voici un domaine délicat pour le timide que vous êtes ! Vous avez du mal à exprimer vos sentiments, à aller vers l'autre, et ce mélange d'orgueil et de timidité risque de vous isoler, de vous empêcher de construire une vraie relation avant un certain âge. Passé le cap de l'adolescence, vous conservez un abord un peu rébarbatif qui n'incite pas à vous sauter au cou. Mais vous savez que vous n'arriverez à rien si vous restez dans votre tour d'ivoire et vous faites de louables efforts qui vous donnent cet air bourru et cette maladresse touchante... Jamais vous n'accorderez votre cœur avant d'avoir longuement réfléchi et d'être sûr de ne pas vous faire « jeter » par l'autre. La peur de l'abandon, constitutive de votre personnalité, joue à fond dans ce domaine de votre vie et gâche souvent vos moments de bonheur. De plus, vous êtes beaucoup plus émotif et sensible qu'on ne le pense, et c'est contre cette « fragilité » que vous construisez des remparts. Si quelqu'un fait l'effort d'aller au-delà de ces apparences, il ou elle découvre alors en vous des trésors de tendresse ! Lorsque vous avez enfin trouvé celui ou celle qui vous correspond, vous vous « offrez » tout entier à l'objet de votre flamme, construisez du solide et faites preuve d'une indéfectible fidélité ! Même si, ayant idéalisé votre partenaire, vous vous apercevez après quelque temps qu'il n'est pas celui ou celle que vous imaginiez. Votre sens du devoir vous pousse alors à « rester » et à honorer ainsi votre engagement. Si en revanche vous êtes heureux, votre conjoint arrivera progressivement à vous apprivoiser et à faire s'exprimer une sensualité qui peut se révéler brûlante et exigeante. Mais il faut vraiment que vous soyez totalement en confiance. Et si cela vous arrive, vous pardonnez rarement l'humiliation d'une tromperie.

> VOTRE VITALITÉ

Robuste, solide, vous êtes de la race des centenaires ! Votre gouverneur, Saturne, vous donne en effet une constitution d'une grande résistance, ce qui ne vous empêche pas de souffrir de petits maux parfois handicapants, comme les rhumatismes ou l'arthrose. Par ailleurs, vous tombez fréquemment et il n'est pas rare que vous vous cassiez un ou plusieurs membres au cours de votre vie. Ce n'est certes pas par goût du risque (vous êtes économe de vous-même), mais parce que vous avez les genoux – et les articulations en général – plutôt fragiles. Vous êtes également sujet aux foulures et aux tendinites, surtout si vous pratiquez un sport d'endurance. Votre dentition est aussi à surveiller. Mais la zone la plus sensible, on l'a vu, reste la peau, et vos émotions refoulées s'y inscrivent immanquablement ! Eczéma, allergies, herpès, urticaire, etc., sont fréquents chez vous et s'imposent selon vos humeurs. Vous devez donc faire particulièrement attention à votre peau. De plus, elle est souvent sèche et, si vous êtes une femme, il vous est conseillé de la nourrir dès l'adolescence, sinon elle se marque rapidement. Par sympathie avec le Cancer, votre opposé zodiacal, vous avez le système digestif fragile et les intestins délicats. Les dégoûts alimentaires datant de l'enfance sont fréquents et il n'est pas rare que vous éliminiez un ou plusieurs aliments de vos menus quotidiens ! Il vous arrive même d'avoir des périodes d'anorexie.

> VOS PRÉFÉRENCES ALIMENTAIRES

Votre devise : manger de tout, un peu ! On ne peut pas dire que vous soyez, comme votre voisin le Sagittaire, un bon vivant doté d'un appétit inépuisable ! D'ailleurs, vous ne vous souciez pas vraiment de votre peu d'appétit et sautez souvent le déjeuner pour ne pas trop prendre sur votre temps de travail ! Si vous ne mangez pas beaucoup, en revanche, vous êtes très exigeant sur la qualité de votre nourriture et, même si vous n'êtes pas très à l'aise financièrement, vous faites attention à ce que vous achetez. Vous appréciez les produits sains et nombre d'entre vous deviennent végétariens à un moment de leur vie. À table, vous êtes de ceux qui ne remplissent pas leur assiette et qui picorent ! Vous donnez même l'impression de ne pas apprécier ce que vous êtes en train de manger ! Il vous est conseillé de privilégier tous les aliments contenant du calcium, de manière à consolider votre ossature.

> ANALOGIES DU CAPRICORNE

• *Zones du corps :* les genoux, les os et la peau.
• *Planète maîtresse :* Saturne, dieu du temps. (Gisèle Borie et Géraldine Jouin, L'Astrologie : l'interprétation des signes par les mythes, Éd. du Rocher, coll. « L'homme et l'univers », 1990.) Il immortalise mais, jaloux et solitaire, il sacrifie ses enfants et incline le Capricorne à contrôler ses désirs, ses émotions, ses élans spontanés. Orgueil et préjugés sont aussi son apanage et sont excessifs dans votre signe.
• *Planète exaltée :* mars. Symbole de l'effort, il évoque le dieu romain mars, divinité agraire. Il représente toute la vigueur énergétique de la nature à chaque renaissance, celle-ci prenant sa source en Capricorne, signe où les jours commencent à rallonger et qui annonce le prochain printemps.
• *Planète en exil :* la lune. Elle n'est pas à l'aise dans ce signe froid, qui impose de la distance à ses émotions, alors qu'elle représente précisément le monde intérieur et tout ce qui le remue. C'est la raison pour laquelle vous pouvez paraître aussi peu émotif. Ce qui ne veut pas dire que vous ne ressentez rien, loin de là...
• *Planète en chute :* Jupiter. La planète de l'abondance, de l'essor, n'a que peu de familiarités avec le Capricorne, souvent dans l'austérité et la rigidité. C'est également un facteur de chance, or vous pensez

souvent ne pas en avoir et ne devoir votre réussite qu'à vos efforts. Ce qui est souvent vrai.

• *Plantes :* le saule, le pin, l'orme, le peuplier, la centaurée, la pensée.
• *Couleurs :* les couleurs du soleil, jaune orangé, safran...
• *Pays et villes :* Inde, Mexique, Afghanistan, Oxford, Delhi, Gand, Bruxelles.
• *Animaux :* les chèvres et autres animaux aux sabots fendus.

> CAPRICORNE CÉLÈBRES

Paul Amar, Richard Anthony, Thierry Ardisson, Drew Barrymore, Simone de Beauvoir, Benjamin Biolay, Richard Bohringer, Jeanne Bourin, Dany Brillant, Carla Bruni-Sarkozy, Cabu, Nicolas Cage, Nicolas Canteloup, Juan Carlos (roi d'Espagne), Jim Carrey, Paul Cézanne, Kevin Costner, Étienne Daho, Dalida, Patrick Dempsey, Gérard Depardieu, Marlène Dietrich, Philippe Douste-Blazy, Lara Fabian, Marianne Faithfull, Federico Fellini, Guy Forget, Laurent Gerra, Mel Gibson, Françoise Hardy, Robert Hossein, Serge July, Diane Keaton, Jean-Luc Lahaye, Jude Law, Jacqueline Maillan, Noël Mamère, Ricky Martin, Olivier Martinez, Henri Matisse, Michèle Mercier, Henry Miller, Sienna Miller, Molière, Gilbert Montagné, Jim Morrison, Pascal Obispo, Aristote Onassis, Géraldine Pailhas, Vanessa Paradis, Roland Petit, Michel Piccoli, Mary Pierce, Elvis Presley, Régine, Carole Rousseau, Olivia Ruiz, Dany Saval, Michael Schumacher, Smaïn, Rod Stewart, Frédéric Taddei, Danièle Thompson, Lilian Thuram, Christy Turlington, Denzel Washington.

Votre ascendant

L'ascendant, ou Maison I, est calculé d'après votre heure de naissance et représente le point qui se lève à l'horizon au moment où vous voyez le jour. C'est-à-dire que si vous naissez à l'heure où le Soleil se lève, votre signe et votre ascendant sont les mêmes. Ensuite, l'ascendant se décale d'un signe toutes les deux heures sur la roue du zodiaque, dans le sens inverse des aiguilles d'une montre. Au contraire du Soleil, qui vous renseigne sur l'aspect dominant de votre personnalité, sur l'image idéale que vous voulez montrer de vous-même, l'ascendant représente vos comportements relationnels, la façon dont votre Moi s'est construit et dont vous utilisez votre potentiel.

Pour calculer votre ascendant: twelv.love

ASCENDANT BÉLIER

Votre personnalité très énergique vous pousse à agir avec beaucoup d'instinct et d'intuition, alors que votre Soleil Capricorne vous invite à réfléchir davantage et freine vos élans. Toutefois, vous écoutez souvent la voix de la raison, ce qui n'est pas un mal quand on connaît l'impulsivité du Bélier ! Vous mettez votre volonté et votre détermination au service de vos ambitions, qui sont toujours importantes et servies par une formidable puissance de travail : rien ne vous rebute et vous êtes prêt à tous les sacrifices pour atteindre vos objectifs. Vous ne manquez certainement pas de générosité ni de gentillesse, mais vous avez des choses à prouver, et si l'on vous fait obstacle, vous foncez ! Par ailleurs, la susceptibilité est à son maximum dans une telle configuration, et vous réagissez avec agressivité lorsqu'on vous chatouille un peu trop ! Plus que les autres Capricorne, vous parvenez à extérioriser vos émotions et appréciez qu'on y porte attention, quitte à houspiller un peu vos proches ! Le besoin de conquérir se mêle à des comportements d'attente (liés à votre orgueil) qui vous permettent de réfléchir et de poser vos actions. Le besoin d'agir parfois irrépressible du Bélier est donc bien tempéré par le Capricorne, et le mélange de ces deux signes peut être d'une redoutable efficacité. De plus, vous ne lâchez pas prise facilement ; quand vous avez décidé quelque chose, seules des démonstrations irréfutables peuvent vous faire changer d'avis. Et encore.

• *Vos atouts :* mis au pied du mur, vous vous adaptez aux situations les plus épineuses et vous êtes un organisateur de talent. Vous êtes plus optimiste que le Capricorne classique et savez motiver vos partenaires, leur insuffler votre énergie. Vous avez l'esprit de clan et défendez les vôtres bec et ongles si on les attaque.

• *Vos difficultés :* quand vous êtes fâché, vos colères n'explosent pas franchement, mais vos paroles se font parfois très cassantes. De plus, vous pouvez être extrêmement rancunier. Cela peut durer des années !

• *Vos fragilités :* la tête (vous avez souvent des migraines), le surmenage (vous voulez trop en faire) et les problèmes de vue. Vos dents peuvent également vous causer quelques soucis.

Mars est votre maître d'ascendant, étudiez ses mouvements avec attention.

> VOTRE ÂME SŒUR

Selon votre signe et votre ascendant-descendant. Le descendant est le secteur opposé à l'ascendant et représente le monde des autres, les rencontres, les unions et associations... Vous avez un caractère entier et exigeant, qui vous pousse à chercher un idéal parfois inaccessible. De plus, vous établissez facilement des rapports de force avec vos partenaires, alors que vous avez au fond de vous besoin de douceur et de tendresse. Mais vous êtes souvent trop orgueilleux pour le reconnaître et pour demander quoi que ce soit à ceux qui vous entourent. Votre descendant se trouvant en Balance, signe opposé et complémentaire du Bélier, vos partenaires doivent être aimants, attentionnés et partager toutes vos passions, même les plus extrêmes. Ils doivent aussi posséder une force de caractère non exprimée, de manière que vous puissiez les respecter. Ils seront donc Balance, ascendant Balance, auront la Lune ou Vénus dans ce signe d'équilibre avec lequel vous pourrez construire du solide et qui saura révéler vos aspects les plus affectifs. Vous vous entendrez bien également avec les dynamiques Sagittaire ou ascendant Sagittaire, mais ce n'est pas avec eux que vous exprimerez le mieux votre tendresse. Avec les Lion ou ascendant Lion, il y aura du respect et de l'admiration, et les Gémeaux ou ascendant Gémeaux vous amuseront. Les Verseau ou ascendant Verseau pourraient être un vrai défi pour vous !

ASCENDANT TAUREAU

Séduisant, charmeur, sensuel... les qualificatifs sont nombreux pour décrire le Taureau, qui a un goût particulier pour la vie et les bonnes choses. Heureusement, car votre nature Capricorne va quand même dans le sens contraire ! On peut donc dès à présent dire que ce mélange de signes est très positif pour votre équilibre personnel et relationnel ! Votre motivation de base (Taureau) est de posséder, garder, conserver. Ce qui ne contredit pas le conservatisme du Capricorne. Sécurité et sérénité sont vos mots-clés : vous ne vous épanouissez que dans la certitude que rien ne va vous manquer, et que ce que vous avez construit, que ce soit sur le plan professionnel ou affectif, ne sera jamais détruit en aucune manière. Vos habitudes et votre confort personnel ont de l'importance dans votre vie quotidienne, dans la mesure où ils sont synonymes de cette sécurité qui a tant d'importance à vos yeux. Il arrive au Taureau d'être gourmand, dans tous les sens du terme, et de prendre inéluctablement des kilos indésirables. Vous avez cependant des armes efficaces en tant que Capricorne : la diète, par exemple, ne vous fait pas peur, et sans en arriver là, vous êtes capable de suffisamment de discipline pour contrôler votre alimentation. Toutefois, si le Taureau domine, le Saturne du Capricorne peut devenir très avide et accentuer votre gourmandise ! Attention tout de même à ne pas jouer au yo-yo avec votre poids. Par ailleurs, vous aimez votre confort et l'argent qui vous permet de l'obtenir. N'en ayez surtout pas honte, et bravo pour votre sens de l'économie qui vous permet rapidement, dans votre existence, de devenir propriétaire de votre maison ou de votre appartement.

• *Vos atouts :* la créativité du Taureau, son sens du beau et du bon sont mis en forme et concrétisés par la rigueur du Capricorne. Vous manifestez également des trésors de patience et d'attention envers ceux que vous aimez.

• *Vos difficultés :* un rythme lent, calqué sur celui de la digestion, un entêtement et une obstination qui peuvent agacer, et une totale mauvaise foi. Par ailleurs, chez vous, la rancune est tenace et peut vous empoisonner la vie (la jalousie également) !

• *Vos fragilités :* la gorge, les organes sexuels, la glande thyroïde.

Vénus est votre maître d'ascendant, étudiez ses mouvements avec attention.

> VOTRE ÂME SŒUR

Selon votre signe et votre ascendant-descendant. Le descendant est le secteur opposé à l'ascendant et représente le monde des autres, les rencontres, les unions et associations... Calme et tranquille, vous avancez à votre rythme et n'appréciez pas que votre conjoint vous secoue ou vous impose sa manière de vivre. Vos proches doivent tenir compte de votre besoin de confort et de sécurité et veiller à ne pas stimuler votre jalousie. Votre descendant étant en Scorpion, signe opposé et complémentaire du Taureau, vos partenaires doivent être passionnés, exclusifs, et n'avoir que vous en tête. La fidélité et la communauté d'intérêts matériels seront souvent à la base de votre relation et représenteront même un lien très solide. Les personnes qui sont Scorpion, ascendant Scorpion ou qui ont la Lune ou Vénus dans ce signe vous attireront particulièrement, parce qu'elles auront la même sensualité et les mêmes exigences que vous. Mais vous vous entendrez également avec ceux ou celles qui sont comme vous Capricorne ou ascendant Capricorne. Les Cancer ou ascendant Cancer compteront aussi parmi vos favoris, car ils sauront vous attendrir et vous donneront envie de les protéger. La sensibilité, l'émotivité des Poissons ou ascendant Poissons vous toucheront de plein fouet et vous obligeront à vous ouvrir, à vous laisser d'avantage aller. Enfin, vous construirez du solide avec les Vierge ou ascendant Vierge.

ASCENDANT GÉMEAUX

Le Gémeaux est rapide, mobile, toujours en mouvement et les sens en éveil. Il s'adapte à toutes les situations, adore la diversité et se montre parfois velléitaire. Ce qui n'est pas le cas du Capricorne qui, on le sait, cherche avant tout à s'établir dans la sécurité et à aller au bout de ses entreprises. Quitte à prendre racine ! La curiosité propre au Gémeaux est cependant un atout dans votre quotidien, car elle vous pousse à vous intéresser de très près à la vie de vos proches et à essayer de mieux les comprendre. Il y a également beaucoup d'humour et une certaine fantaisie dans cette signature astrale... Vous avez généralement une véritable soif d'informations que nombre d'entre vous utilisent dans leur vie professionnelle : le journalisme, par exemple, sera un domaine qui vous attirera, de même que la publicité ou tout ce qui touche au domaine littéraire. Mais jamais, comme le pur Gémeaux, vous ne vous contenterez d'effleurer les choses. Dans vos relations avec autrui, votre distance vous permet d'exercer votre sens critique et votre humour. Celui-ci est votre meilleur allié dans toute situation difficile, car le Capricorne, vous le savez, a tendance à tout prendre très au sérieux ! Cet humour, fondé sur un sens de l'observation aigu, sur la dérision et un don d'imitation, vous l'exercez autant à votre encontre que vis-à-vis des autres. Par ailleurs, votre ascendant est joueur et vous incite à ne jamais montrer la même facette de votre personnalité. Vous arrivez très bien à dissimuler qui vous êtes vraiment, ce qui convient au Capricorne, qui n'aime pas se dévoiler. Mais on peut dire que votre Moi manque d'unité et que, parfois, vous avez plus tendance à imiter les autres qu'à vous affirmer en tant que personne sûre de son identité et de ses choix.

• *Vos atouts :* vous comprenez rapidement et apprenez très vite. Doué pour pas mal de choses, vous êtes capable d'exercer plusieurs activités en même temps, tout en leur consacrant la même énergie.

• *Vos difficultés :* vous pensez trop ! Tout se passe comme s'il était plus important pour vous de réfléchir que d'agir ! Vous avez également tendance à exagérer vos inquiétudes ; vos impressions et vos réactions sont souvent de type adolescent. Même quand vous avez pris de l'âge, ce qui peut surprendre !

• *Vos fragilités :* le système respiratoire, les bronches, les poumons, ainsi que les mains.

Mercure est votre maître d'ascendant, étudiez ses mouvements avec attention.

> VOTRE ÂME SŒUR

Selon votre signe et votre ascendant-descendant. Le descendant est le secteur opposé à l'ascendant et représente le monde des autres, les rencontres, les unions et associations... Vous semblez être à l'aise avec les autres, mais ce sont souvent des apparences qui peuvent cacher un manque de confiance en vous et en votre séduction. Toutefois, vous n'avez pas besoin de faire de gros efforts pour plaire, vous dégagez une sorte de magnétisme qui agit à votre place. Votre descendant étant en Sagittaire, signe opposé et complémentaire du Gémeaux, vous avez besoin de partenaires qui ont de l'importance aux yeux des autres, qui vous permettent de changer fréquemment d'univers et d'avoir une vie sociale animée. Ils doivent vous faire « voyager », autant dans la réalité que dans votre tête, et respecter certains principes. Les Sagittaire, les ascendant Sagittaire ou toute personne ayant la Lune ou Vénus dans ce signe seront donc votre premier choix, ils correspondent à ce portrait-robot. Mais vous vous entendrez également très bien avec les Bélier ou ascendant Bélier, même si vous les trouvez trop rapides et entreprenants... De plus, s'il y a de la passion entre vous, les rapports de force sont fréquents. Les Lion ou ascendant Lion susciteront votre admiration et vous saurez vous adapter à leur nature sentimentale. Les Balance ou ascendant Balance, ainsi que les Verseau ou ascendant Verseau, signes d'Air comme le Gémeaux, sauront aussi vous plaire et vous entretiendrez des relations complices.

ASCENDANT CANCER

Le Cancer donne une apparence de fragilité et d'immaturité qui touche les autres et suscite l'envie de le prendre en charge, de se comporter en parent protecteur. Mais avec le Capricorne, l'inverse est également possible : vous-même êtes souvent très protecteur et vous sentez responsable de toute votre famille ! Votre « clan » est en effet l'axe principal autour duquel vous vous développez et vous avez du mal à « couper le cordon ». En toute circonstance, même dans votre vie professionnelle, vous avez besoin de (re)créer une famille autour de vous, de manière à retrouver l'ambiance dans laquelle vous avez toujours évolué et qui vous sécurise. Même si elle n'est pas épanouissante ! Sujet à des humeurs en dents de scie, vous êtes insatisfait, inquiet pour votre sécurité et avez sans cesse besoin de faire quelque chose pour vous rassurer. L'homme ou la femme de votre vie peut jouer ce rôle et vous offrir le refuge que vous recherchez. Les études ou tout investissement intellectuel peuvent aussi être investis à ce titre. Dans tous les cas, vous devez veiller à ne pas trop envahir l'objet de votre flamme, ou le rendre seul responsable de votre bien-être et de votre bonheur. C'est une lourde charge pour certains, aussi ne vous étonnez pas si vos relations amoureuses manquent de stabilité. En tout cas dans la première partie de votre vie ; quand vous devenez autonome, vos relations se font plus solides...

• *Vos atouts :* vous êtes accrocheur, volontaire et capable de réussir dans vos entreprises, même les plus difficiles. Vous donnez volontiers l'impression que vous vous intéressez à l'autre, que vous savez l'écouter, et vous êtes très gentil quand vous le voulez bien. Vous avez de l'intuition, et la sensibilité du Cancer est canalisée par votre nature Capricorne, qui est, dans cette combinaison, plus émotive que de coutume.

• *Vos difficultés :* en dehors de vos sautes d'humeur pas toujours faciles à vivre et d'un aspect renfermé, vous êtes souvent trop susceptible.

• *Vos fragilités :* principalement le système digestif et toute maladie psychosomatique liée à un excès d'émotivité.

La Lune est votre maître d'ascendant, étudiez-la avec attention.

> VOTRE ÂME SŒUR

Selon votre signe et votre ascendant-descendant. Le descendant est le secteur opposé à l'ascendant et représente le monde des autres, les rencontres, les unions et associations... Vous avez le descendant dans votre propre signe, opposé et complémentaire du Capricorne, ce qui indique que vous avez besoin de relations solides, établies sur des valeurs et des intérêts communs. Vous vous intéressez généralement à des personnes plus mûres que vous, ou ayant une expérience particulière à partager. La fidélité et la constance sont des critères de choix importants. Les membres de votre signe, ceux qui ont l'ascendant Capricorne, la Lune ou Vénus dans ce signe seront donc parmi vos favoris. Vous serez en terrain familier et ne serez pas confronté à ce qui vous fait peur : l'inconnu. Mais vous vous entendrez également très bien avec les Taureau ou ascendant Taureau, aussi fidèles et solides que vous. De plus, leur sensualité vous fera frémir. Avec les Vierge ou ascendant Vierge, vous construirez aussi une bonne relation, mais elle manquera peut-être de fantaisie ! Avec les Scorpion ou ascendant Scorpion, il pourrait y avoir de la passion, ainsi qu'avec les Poissons ou ascendant Poissons : vous formerez un joli couple, car leur sensibilité fera fondre votre carapace.

ASCENDANT LION

Le Lion a du goût, de l'allure et aime tout ce qui est beau. Les apparences le séduisent au premier abord, mais la profondeur et la lucidité du Capricorne l'invitent à aller plus loin. Honnêteté, loyauté et amour-propre dominent votre caractère : vous avez envie de réussir, d'être le premier, d'impressionner les autres. Seul le succès vous donnera la sensation de compter pour ceux qui vous entourent : on ne vous a probablement pas assez regardé ou valorisé dans votre enfance. Vous êtes également inflexible et doté d'une formidable persévérance. Perfectionniste, vous savez prendre des risques tout en ne vous mettant pas vraiment en danger, peur de l'échec oblige. Vous êtes plus sentimental que le Capricorne classique, mais vous êtes aussi facilement déçu par le comportement des autres, que ce soit en amour ou en amitié. Le besoin de créer a de l'importance dans votre existence, et vous y parvenez à travers une activité artistique (liée à l'image) ou en faisant des enfants et en vous consacrant à leur éducation ! On vous reproche parfois de ne penser qu'à votre travail, qu'à vos résultats et à vos intérêts matériels, mais c'est un discours que vous ne comprenez pas vraiment dans la mesure où vous êtes persuadé que tout le monde est comme vous ! Vous atteignez souvent le sommet de la hiérarchie, ou vous vous réalisez sous les feux de la rampe. Mais cela ne vous empêche pas de rester à distance du bruit et de la fureur !

• *Vos atouts :* vous respectez les valeurs transmises par votre éducation, parfois un peu trop d'ailleurs ! Vous avez également des modèles qui vous servent de référence et dont l'image vous porte : c'est souvent votre père ou un grand-père.

• *Vos difficultés :* on peut vous reprocher d'être trop sensible aux compliments et aux flatteries. Par ailleurs, votre envie d'imposer votre manière de faire en toute circonstance peut agacer vos proches.

• *Vos fragilités :* le cœur, le dos, la vue.

Le Soleil est votre maître d'ascendant, sa position et ses aspects sont à étudier avec attention.

> VOTRE ÂME SŒUR

Selon votre signe et votre ascendant-descendant. Le descendant est le secteur opposé à l'ascendant et représente le monde des autres, les rencontres, les unions et associations... Quand vous aimez, vous mettez l'objet de votre flamme sur un piédestal, mais gare à lui s'il vous déçoit : vous êtes alors capable de la plus grande froideur et avez du mal à lui pardonner d'être banalement humain ! Votre descendant étant en Verseau, opposé et complémentaire du Lion, vous avez besoin de partenaires qui acceptent votre orgueil, votre autorité et... votre ego ! Ils doivent être fantaisistes, originaux et surtout vous valoriser. Ils doivent aussi faire preuve d'indépendance et ne pas vous étouffer. Les Verseau, les ascendant Verseau et toute personne ayant la Lune ou Vénus dans ce signe auront donc la priorité : ils possèdent une liberté de comportement et d'idées que vous n'avez pas. De plus, ils savent vous épater ! Les Gémeaux ou ascendant Gémeaux mériteront que vous vous intéressiez à eux de plus près, leur fantaisie et leur facilité à gérer les problèmes étant souvent quelque chose qui vous manque. Avec les Balance ou ascendant Balance, vous serez à l'aise et la communication passera facilement, mais ils seront peut-être trop dépendants à vos yeux. Les Sagittaire ou ascendant Sagittaire pourront aussi faire partie de vos choix.

ASCENDANT VIERGE

Votre potentiel intellectuel, votre sens de l'analyse et de la synthèse sont vos principaux atouts et votre mental peut même envahir tous les compartiments de votre vie. Votre personnalité est donc structurée autour de votre pensée, laquelle est tout aussi importante que les manifestations en provenance de votre corps. Il arrive d'ailleurs que vous soyez un peu hypocondriaque et que votre santé soit au centre de vos pensées, simplement parce que vous passez votre temps à écouter « parler » vos organes. Vous êtes généralement fin stratège et très organisé : tout est rangé dans des cases et utilisé à bon escient. Manqueriez-vous de fantaisie ? Vous devez en tout cas surveiller une tendance à vous laisser bercer par les habitudes, voire par des petits rituels sécurisants... Toutefois, vous ne manquez pas d'humour ni de distance et vous vous révélez extrêmement critique à l'égard de ceux que vous aimez et qui ne rentrent pas dans le moule que vous leur avez attribué ! Vous avez du mal à vous investir dans une relation amoureuse ou même dans une entreprise quelconque, tant vous craignez de ne pas être à la hauteur de ce qu'on attend de vous. Le travail est également au centre de votre vie, ainsi que la notion de soin : même si vous n'exercez pas une profession de nature médicale, vous avez tendance à vous comporter en « médecin » avec les autres. Vous êtes rarement content de vous, ou de votre vie, mais cela vous pousse à aller toujours plus loin et à vous dépasser.

• *Vos atouts :* fidélité, honnêteté scrupuleuse et goût du travail bien fait font de vous une personne fiable. Vous êtes raisonnable et sérieux dans tout ce que vous entreprenez. Vous pesez le pour et le contre de vos actes, leur ôtant ainsi de leur spontanéité. mais vous n'avez pas votre pareil pour donner de bons conseils, apprendre et diffuser un savoir.

• *Vos difficultés :* vous êtes timide, voire inhibé, et toujours inquiet. un soucieux qui ne se détend que très rarement. Et ces tendances poussées à l'extrême peuvent aller jusqu'à la phobie ou à l'obsession !

• *Vos fragilités :* les intestins principalement, ainsi que toute maladie d'origine nerveuse.

Mercure est votre maître d'ascendant, étudiez ses mouvements avec attention.

> VOTRE ÂME SŒUR

Selon votre signe et votre ascendant-descendant. Le descendant est le secteur opposé à l'ascendant et représente le monde des autres, les rencontres, les unions et associations... Vous avez le descendant en Poissons, signe opposé et complémentaire de la Vierge, ce qui signifie que vos relations affectives sont de nature fusionnelle. L'autre doit vous donner le maximum et le couple doit fonctionner comme une unité. En fait, vous avez besoin d'un miroir, de quelqu'un qui vous renvoie une bonne image de vous, parce qu'au fond vous manquez d'assurance. Qui mieux qu'un Poissons ou ascendant Poissons peut répondre à vos besoins ? Il suffira même que le ou la partenaire ait une planète affective, la Lune, Vénus ou Mars, dans ce signe pour que vous soyez attiré ! De plus, le très émotif Poissons vous permettra de vous ouvrir à votre monde sensible. Même chose avec un Scorpion ou ascendant Scorpion, souvent écorché vif, mais qui aura une forte emprise sur vous. Les Cancer ou ascendant Cancer sauront vous émouvoir et leur besoin de protection correspondra bien au rôle que vous aimez jouer. Les Taureau ou ascendant Taureau vous attireront sensuellement, tout en ayant les qualités de fidélité et de sincérité que vous recherchez. Vous pouvez aussi être séduit par votre propre signe ou par les ascendant Capricorne, car vous avez beaucoup de points communs.

ASCENDANT BALANCE

Vous êtes sensible aux ambiances et à l'harmonie entre les êtres. Parfois le monde extérieur vous effraie, mais vous avez tellement besoin d'amour que vous combattez votre timidité naturelle pour vous efforcer d'aller vers les autres. Vous êtes d'ailleurs capable d'une audace surprenante quand vous vous sentez soutenu et approuvé. Vous êtes certainement victime d'une contradiction, dans la mesure où la Balance est très effrayée par la solitude, alors que le Capricorne la recherche. La peur de l'échec peut cependant vous empêcher de vous lancer spontanément dans des relations amoureuses ou vous rendre très prudent, voire méfiant ! Toutefois, vous êtes bien obligé de reconnaître que vous n'atteindrez votre équilibre que lorsque vous aurez trouvé l'âme sœur ou en tout cas quelqu'un pour partager vos états d'âme. Même dans votre travail, il vous est nécessaire de faire équipe avec une ou plusieurs personnes, voire de vous associer, car vous ne voyez pas l'intérêt de réussir tout seul : vous avez besoin qu'on vous motive ou de motiver les autres. Si vous trouvez une place au sein d'une entreprise à caractère familial, vous vous épanouissez et votre carrière décolle. Avec vos proches, vous n'aimez pas vraiment les rapports de force et déployez de bonne heure des qualités de diplomate ou d'intermédiaire. Votre sens de la justice est également très développé, et il vous arrive de vous passionner pour la défense de la veuve et de l'orphelin. Par ailleurs, vous êtes attiré par les arts : musique, danse, peinture font partie de vos loisirs et participent à votre équilibre.

• *Vos atouts :* vous savez faire taire votre agressivité pour entretenir de bonnes relations avec tout le monde. Vous êtes de bon conseil et vous investissez à fond dans votre travail, ou dans les buts que vous poursuivez. Et quand vous réussissez, vous savez être reconnaissant à ceux qui vous ont apporté leur soutien.

• *Vos difficultés :* vous êtes hésitant et même parfois fuyant quand quelqu'un vous montre ses sentiments ! Vous avez du mal à faire un choix et à prendre une décision tranchée.
• *Vos fragilités :* les reins surtout, et la vésicule biliaire.
Vénus et Saturne sont vos planètes maîtresses, étudiez-les avec attention.

> VOTRE ÂME SŒUR

Selon votre signe et votre ascendant-descendant. Le descendant est le secteur opposé à l'ascendant et représente le monde des autres, les rencontres, les unions et associations... Votre descendant occupe le dynamique signe du Bélier : opposé et complémentaire de la Balance, il possède ce qui vous manque. Vos relations sont marquées par le besoin d'être stimulé par votre partenaire et de vous sentir accepté tel que vous êtes, que vous soyez entreprenant ou non ! Vous vous tournerez vers un Bélier, un ascendant Bélier, ou quelqu'un qui aura la Lune ou Vénus en Bélier. Vous lui laisserez avec bonheur l'initiative de la relation et des décisions concernant le couple. Mais vous constaterez rapidement qu'il établit des rapports de force et qu'il est jaloux ! Les Sagittaire ou ascendant Sagittaire vous plairont aussi beaucoup, leur audace et leur côté bon vivant vous attireront, mais leur mauvaise foi vous révoltera. Même chose avec les Lion ou ascendant Lion, qui seront de bons équipiers, mais à qui vous reprocherez leur tendance à frimer. Les Gémeaux ou ascendant Gémeaux vous amuseront, mais vous ne vous sentirez pas en sécurité avec eux, alors que les Verseau ou ascendant Verseau seront très stimulants : intelligents, distrayants, ils vous serviront de révélateur et provoqueront en vous des sentiments intenses...

ASCENDANT SCORPION

Volontiers secret, mystérieux et très intériorisé, vous êtes profondément déterminé à concrétiser vos désirs. Votre vie intérieure est intense et votre détermination n'a d'égale que votre volonté de toujours progresser. Vous avez également de l'autorité, mais ne l'exprimez pas forcément de manière directe : vous suggérez et, d'une certaine manière, poussez l'autre dans ses retranchements. Vous aimez être une sorte d'éminence grise et influencer les idées et les opinions de ceux qui croisent votre route. Vous y parvenez grâce à votre connaissance innée de ce qu'ils ont en eux, de ce qu'ils veulent cacher, et grâce aussi à un savoir-faire que beaucoup vous envient : vous êtes malin, voire rusé, et votre sens de la stratégie est l'un de vos principaux atouts ! Toutefois, vous envisagez toujours le pire et cette forme de pessimisme ne vous sert pas. Il vous arrive, quand vous aimez, de perdre tous vos moyens, de vous trouver désarmé face à l'objet de votre flamme... Alors qu'en amitié, vous déployez des trésors de délicatesse et distillez des conseils judicieux. L'amour vous pose problème, vous conduit à vous auto-analyser, et à être assez dur avec vous-même ou avec l'autre. Cet excès de lucidité produit alors du désenchantement, car beaucoup de comportements humains vous semblent malhonnêtes et faux. Votre recherche de naturel, de pureté et d'authenticité, votre refus des faux-semblants se heurtent à une réalité dont vous ne vous accommodez pas facilement. Aussi aimez-vous, le plus souvent, vous évader dans votre travail, dans l'étude ou la lecture, que vous appréciez particulièrement. Cela dit, elle peut faire partie intégrante de votre travail.

• *Vos atouts :* l'intelligence analytique, la force intérieure, la détermination, la ténacité et un sens de l'humour très corrosif. Vous êtes séducteur, comme tous les Scorpion, mais capable d'une formidable fidélité à l'être aimé, surtout s'il ne vous déçoit pas...

• *Vos difficultés :* une jalousie et une possessivité qui vous jouent des tours. Vous les déguisez souvent en inquiétude et en arrivez à culpabiliser l'autre ! Vous refusez de perdre quoi que ce soit ou qui que ce soit. On vous reproche souvent vos silences chargés de sens, votre besoin de rivaliser, de contrôler votre entourage et d'avoir toujours raison !

• *Vos fragilités :* les organes sexuels, ainsi que les intestins.

Pluton et Mars sont vos planètes maîtresses, étudiez-les avec attention.

> VOTRE ÂME SŒUR

Selon votre signe et votre ascendant-descendant. Le descendant est le secteur opposé à l'ascendant et représente le monde des autres, les rencontres, les unions et associations... Les relations tièdes, ou que vous jugez médiocres, très peu pour vous ! Vous êtes entier et vous donnez corps et âme à celui ou celle que vous aimez. Mais vos exigences sont excessives et si vous ne les modulez pas, vous aurez du mal à construire une relation qui vous satisfasse. Votre descendant étant en Taureau, vous avez besoin de partenaires doux, tendres et fidèles, qui vous sécurisent et n'utilisent pas vos faiblesses pour en faire leur propre force. La sensualité et le désir doivent toujours être présents entre vous. Les Taureau ou ascendant Taureau seront donc vos partenaires favoris, car ils possèdent les qualités que vous attendez de l'autre. Mais les membres de votre signe ou ceux qui ont l'ascendant en Capricorne auront également le sérieux que vous recherchez ; cependant votre relation manquera peut-être de fantaisie. Les Vierge ou ascendant Vierge vous seront fidèles et admireront vos qualités intellectuelles ainsi que votre humour. Mais vous trouverez qu'ils n'ont pas assez d'ambition. Les Poissons ou ascendant Poissons vous toucheront car ils sont particulièrement sensibles et émotifs. Ils sauront vous aimer avec générosité et percer votre carapace. Même chose avec les Cancer ou ascendant Cancer...

ASCENDANT SAGITTAIRE

Voilà un mélange de signes qui dénote une personnalité contrastée, mais qui dispose d'une grande force intérieure ! Il y a à la fois le besoin de vous lancer des défis, d'aller toujours plus haut, que ce soit sur le plan intellectuel ou physique, et le manque d'assurance caractéristique du Capricorne. Mais vous êtes profondément déterminé à vous « élever » et votre formidable énergie intérieure vous permet d'atteindre les objectifs que vous vous fixez. Il est même possible que vous réussissiez brillamment, non seulement grâce à vos qualités, mais aussi parce que vous avez le sens de l'opportunité, tout en respectant les codes de valeurs... Il est parfois difficile de percer votre armure, faite d'une apparente assurance et d'une élégante distance ! Plus optimiste que le Capricorne classique, vous attirez la sympathie, savez intelligemment vous entourer et profiter (dans le bon sens) de vos nombreuses relations. Votre envie d'effacer les frontières fait de vous un citoyen du monde, qui adore voyager et faire des expériences. Toutefois, si vous faites partie des intellectuels, vos voyages se font le plus fréquemment dans les livres ! Manuel ou intellectuel, homme d'affaires ou simple employé de bureau, vous cherchez naturellement à être le meilleur ! Par ailleurs, vous êtes de ceux qui savent profiter des bonnes choses de l'existence et les partager avec leurs proches. Votre appétit de vie est contagieux et vous êtes de bon conseil : vous ne parlez jamais pour ne rien dire. Votre nature Capricorne vous oblige à respecter les limites, ce qui n'est pas toujours le cas du pur Sagittaire.

• *Vos atouts :* votre intelligence et votre efficacité dans le travail. Votre amour de la vie et un sens des valeurs bien ancré.

• *Vos difficultés :* vous voulez toujours avoir raison, tout organiser, tout gérer et contrôler. Vos colères sont mémorables, mais vous ne les exprimez pas forcément et vous les retournez le plus souvent contre vous.

• *Vos fragilités :* tout le système circulatoire, ainsi que le foie.

Jupiter est votre maître d'ascendant, étudiez-le avec attention.

> VOTRE ÂME SŒUR

Selon votre signe et votre ascendant-descendant. Le descendant est le secteur opposé à l'ascendant et représente le monde des autres, les rencontres, les unions et associations...

Votre descendant étant en Gémeaux, signe double, vos relations seront très diverses : vous apprécierez les personnes vives, jeunes d'esprit et qui s'adaptent à tout. Elles devront vous laisser votre liberté d'action et accepter les débats d'idées où, nécessairement, vous aurez raison ! Cet être multiple qu'est le Gémeaux ou ascendant Gémeaux, ou toute personne ayant la Lune, voire Vénus en Gémeaux, vous conviendra, car il n'est jamais le même. Sa nature aérienne, son apparente facilité et son humour vous épateront, mais à la longue vous trouverez peut-être qu'il manque de consistance et... de constance. Les Verseau ou ascendant Verseau sauront également vous séduire, leur originalité et leur non-respect des conventions vous obligeront à vous poser des questions sur vous-même, alors que leur liberté vous semblera enviable. L'énergie des Bélier ou ascendant Bélier vous stimulera et leur esprit d'entreprise vous bluffera, mais attention aux rapports de force. Avec les Lion ou ascendant Lion, il y aura des sentiments profonds et sincères, même si vous les trouvez parfois trop frimeurs. Par ailleurs, vous ne serez jamais indifférent aux Balance ou ascendant Balance, tendres et pleins de charme.

ASCENDANT CAPRICORNE

♑

Votre ascendant renforce, bien entendu, les qualités propres au Capricorne. Toutefois, selon que le Soleil est placé avant ou après l'ascendant, vous serez plus actif ou plus passif...

> VOTRE ÂME SŒUR

Selon votre signe et votre ascendant-descendant. Le descendant est le secteur opposé à l'ascendant et représente le monde des autres, les rencontres, les unions et associations... Avec vous, on ne rigole pas ! L'amour est une affaire très sérieuse dans laquelle vous vous investissez à fond, comme dans tout ce que vous faites, d'ailleurs ! Votre descendant étant en Cancer, opposé et complémentaire du Capricorne, vous avez besoin de partenaires qui vont savoir percer vos défenses à force de patience et de petites attentions. Les Cancer, les ascendant Cancer, de même que ceux qui ont la Lune ou Vénus dans ce signe sont particulièrement indiqués, car ils ont un côté enfantin qui sollicitera votre instinct de protection. Leur besoin de sécurité étant tout aussi important que leur besoin de tendresse, ils vous forceront à sortir de votre tour d'ivoire et à considérer leurs émotions avec attention. Les vôtres aussi, par la même occasion. La sensibilité des Poissons ou ascendant Poissons vous fera fondre et ouvrira une brèche dans la vôtre. Eux aussi sauront percer votre carapace, alors que votre solidité les rassurera. Vous vous entendrez bien par ailleurs avec les Taureau ou ascendant Taureau, à la fois sensuels et tendres ; votre couple sera très constructif. Il en ira de même avec les rassurantes Vierge, ou ascendant Vierge, avec qui l'entente intellectuelle et la complicité seront parfaites. Mais il y aura trop de silences entre vous. Enfin, les Scorpion ou ascendant Scorpion ne vous laisseront jamais indifférent.

ASCENDANT VERSEAU

Une grande liberté de comportement et une forte indépendance caractérisent votre ascendant, dont la tendance à la révolte et au refus des conventions est bien connue. Mais elle entre en conflit avec votre nature Capricorne, peu aventureuse, prudente et patiente. Pour vos proches, vous n'êtes pas facile à comprendre, car vous avez une logique bien à vous qui entre souvent en conflit avec la leur. Toutefois, votre dévouement aux autres, votre désintéressement et même votre sens du sacrifice font de vous une personne extrêmement utile à la société. D'ailleurs, vous êtes très tôt attiré par les activités sociales, la politique, et vous pouvez faire partie d'associations militantes ! Angoissé de naissance, vous pouvez être paralysé par vos peurs (celles du Capricorne s'ajoutant à celles, très métaphysiques, du Verseau), comme elles peuvent vous servir de moteur et faire de vous quelqu'un de brillant. Vous affichez une puissance de travail impressionnante et vous vous arrangez toujours pour vous spécialiser dans votre domaine, ou trouver une manière de faire qui sera différente de celle des autres. Vous adorez avoir des projets et vous vous servez de votre détermination Capricorne pour les concrétiser. Votre nature profonde, souvent pessimiste et prudente, doit s'accommoder de l'impatience et du goût du risque du Verseau. La psychologie vous intéresse particulièrement, ainsi que toutes les nouvelles techniques de soin. La notion d'aide et de service prend en fait tout son sens avec le Verseau à l'ascendant, car c'est le plus humaniste et le plus altruiste des signes.

• *Vos atouts :* cette profonde humanité qui fait de vous l'ami idéal et votre créativité : il vous arrive d'avoir des idées géniales, bien en avance sur leur temps ! Ce sens de l'anticipation, allié à la détermination du Capricorne, fait de vous une personnalité qui a quelque chose de plus que les autres.

• *Vos difficultés :* un esprit de contradiction qui peut être agaçant pour vos proches. Vos exigences sont souvent excessives et vous développez des côtés un peu tyranniques quand vous vous sentez investi d'une mission...

• *Vos fragilités :* le système endocrinien, le système neurovégétatif.

Uranus et Saturne sont vos planètes maîtresses : suivez leurs mouvements avec attention.

> VOTRE ÂME SŒUR

Selon votre signe et votre ascendant-descendant. Le descendant est le secteur opposé à l'ascendant et représente le monde des autres, les rencontres, les unions et associations... Il vous arrive d'être totalement détaché des choses de l'amour, une autre forme d'amour, plus universel, ayant peut-être votre préférence. Lorsque vous n'êtes pas du type détaché, l'amour revêt une grande importance à vos yeux, car vous avez beaucoup à donner. Recevoir vous importe peu, vous n'avez pas conscience d'avoir des besoins... Avec votre descendant en Lion, il faut que vous puissiez admirer vos partenaires, que leur réussite ou leur talent vous éblouissent et que leur intelligence vous impressionne. Ainsi, vous pourrez leur dédier votre existence et eux seront heureux d'avoir un supporter tel que vous ! Les Lion ou ascendant Lion sont donc particulièrement indiqués, ils ont toutes les qualités que vous recherchez. L'esprit d'initiative des Bélier ou ascendant Bélier, leur énergie constructive pourraient également vous séduire, mais ils auront tendance à vous « bouffer » et à abuser. Les Sagittaire ou ascendant Sagittaire seront également de formidables partenaires, leur idéalisme étant en affinité avec le vôtre. Vous aurez envie de les suivre au bout du monde ! Avec les Balance ou ascendant Balance, vous trouverez un équilibre et une forme de sérénité. Les Gémeaux ou ascendant Gémeaux vous attireront et vous amuseront, mais peut-être pas pour toute la vie !

ASCENDANT POISSONS

Vous êtes comme une éponge et absorbez tout ce qui vient de votre environnement. Vous êtes donc hypersensible, intuitif, et savez vous mettre à la place des autres. Un peu trop même ! Votre générosité et votre dévouement vont souvent jusqu'au sacrifice de vos propres intérêts. D'ailleurs, on dit de vous que vous êtes très, voire trop, gentil et votre entourage abuse souvent de votre générosité. Vous n'avez pas une grande confiance en vous et n'êtes pas toujours conscient de vos qualités ou de votre intelligence. Vous avez tendance à la fusion, au mélange, à l'indifférenciation et, pour trouver ou préserver votre identité, vous devez apprendre à faire la part les choses, à être plus critique. Dire non vous est difficile, mais il est indispensable à votre développement que vous appreniez à le faire ! Vous détestez les conflits, et la fuite est souvent votre meilleure arme. Vous la pratiquez également quand vous refusez quelque chose, ou quelqu'un, car c'est votre manière à vous de dire non ! Votre humour est également une façon de prendre de la distance... Vous avez un bon sens politique, êtes conscient des règles et des lois à respecter, même si vous avez souvent envie de dépasser les limites ! Plus que d'autres, vous vous intéressez à la vie de votre communauté et savez vous créer un important réseau amical. Votre sens des valeurs, issu de votre éducation, est également l'une de vos grandes qualités, mais elle peut se retourner contre vous en vous enfermant dans un système trop rigide.

• *Vos atouts :* les chocs et les traumatismes glissent sur vous, ou en tout cas c'est l'impression que vous donnez. Par ailleurs, vous avez le sens du secret et l'on peut vous faire confiance quand on vous confie un travail.

• *Vos difficultés :* vous vous dissimulez souvent la vérité et bâtissez des romans dans votre tête.

• *Vos fragilités :* la circulation principalement, ainsi que le transit intestinal, trop rapide ou trop lent.

Neptune et Jupiter sont vos planètes maîtresses, étudiez leurs mouvements avec une attention particulière.

> VOTRE ÂME SŒUR

Selon votre signe et votre ascendant-descendant. Le descendant est le secteur opposé à l'ascendant et représente le monde des autres, les rencontres, les unions et associations... La froideur du Capricorne étant complètement réchauffée par la nature tendre et affective des Poissons, vous avez beaucoup d'amour à donner. Mais vous êtes affreusement timide et il vous est difficile d'aller vers l'autre ! Votre descendant occupe le signe de la Vierge, opposé mais complémentaire de votre ascendant Poissons. La relation de couple doit donc être un « contenant » : elle doit vous poser des limites, vous servir de référence temporelle ou spatiale dans la vie quotidienne. Les Vierge ou ascendant Vierge possèdent ces qualités et vous formerez avec eux un bon couple, qui peut se révéler solide au fil du temps. Mais vous trouverez qu'ils manquent de tendresse et devrez supporter leur tendance à la critique. Les Taureau ou ascendant Taureau auront également beaucoup à vous apporter côté tendresse et surtout sensualité : vous y serez particulièrement sensible. Les Cancer ou ascendant Cancer seront aussi parmi vos favoris : tendres, vulnérables et romantiques, ils ne manquent pas de force intérieure. Vous serez fasciné par les Scorpion ou ascendant Scorpion, qui, tout comme les Taureau, possèdent une forte sensualité. N'oubliez pas les membres de votre signe ou ceux qui ont l'ascendant Capricorne, car ils vous apporteront la stabilité et la sécurité dont vous avez besoin.

Vos affinités avec les autres signes

CAPRICORNE AVEC BÉLIER

Vous êtes lent, réfléchi, et savez que le temps est votre allié. Le Bélier est impulsif, réactif et aussi impatient que l'était l'un de vos parents. En tout cas, il vous y fera penser, ce qui peut vous attacher à lui ou vous faire fuir rapidement ! A priori, vous n'avez pas grand-chose en commun mais, c'est bien connu, les contraires s'attirent : votre couple peut donc très bien fonctionner ! L'un apportera à l'autre ce qui lui manque – encore faut-il que vous sachiez ce que c'est !

• *Si vous voulez que ça dure :* ne le prenez jamais de front, le Bélier a le sang chaud, alors que vous êtes un animal à sang froid... Vous lui couperiez tous ses effets et l'empêcheriez de se livrer à son sport favori : le rapport de force. Répondez-lui juste ce qu'il faut pour lui permettre de libérer son énergie !

CAPRICORNE AVEC TAUREAU

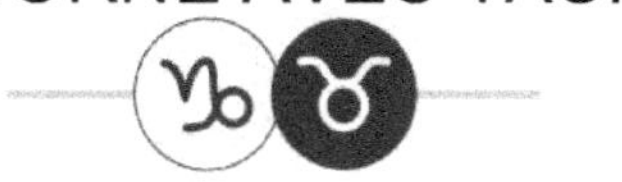

A priori, c'est votre partenaire privilégié, celui sur lequel vous pourrez compter pour construire un couple solide, fondé sur de vraies valeurs. Sa sensualité vous réchauffera, surtout si vous acceptez de vous laisser aller. Son sens pratique, son rapport très sain aux choses de la vie vous paraîtront rafraîchissants et, avec lui, vous baisserez votre garde, car vous saurez instinctivement que vous êtes en sécurité. Mais votre couple pourrait manquer de fantaisie...

• *Si vous voulez que ça dure :* vous avez la même volonté de construire un couple solide, une famille harmonieuse. mais accordez du temps à votre taureau, ne vous laissez pas envahir par votre travail au point de sacrifier vos loisirs. Il aurait du mal à vous pardonner ce manque d'attention.

CAPRICORNE AVEC GÉMEAUX

C'est un signe de jeunesse, symbole de l'adolescence, et sa fantaisie, sa gaieté ne peuvent que vous séduire. Mais si vous cherchez quelqu'un de sérieux et de fidèle, vous avez frappé à la mauvaise porte ! Votre couple ne tiendra que si vous avez assez de maturité pour fermer les yeux sur ses incartades. En revanche, si vous voulez juste vous amuser, sans forcément construire quelque chose, vous êtes très bien tombé. Profitez-en.

• *Si vous voulez que ça dure :* ne l'enfermez pas dans une cage dorée : votre Gémeaux s'étiolerait et profiterait d'un moment de distraction de votre part pour s'enfuir. En outre, même si vous êtes silencieux de nature, faites des efforts pour parler, le Gémeaux a un besoin essentiel de communication.

CAPRICORNE AVEC CANCER

C'est votre signe complémentaire, celui qui vous obligera à baisser vos défenses et à accepter votre sensibilité, au lieu de vous en défendre. Émotif et lunatique, le Cancer est très différent de vous, mais ses côtés enfantins vous séduiront. Près de lui, vous vous sentirez fort et utile à quelqu'un. Vous le protégerez, et il vous en sera très reconnaissant. Cependant, il va falloir sortir de votre réserve et exprimer clairement vos sentiments !

• *Si vous voulez que ça dure :* même s'il se comporte de manière imprévisible, infantile, ne lui faites pas trop la morale et ne le traitez pas en enfant irresponsable. Vous le feriez fuir... Si vous êtes vraiment amoureux, engagez-vous sans trop le faire attendre.

CAPRICORNE AVEC LION

Ce signe d'été, très chaleureux et extériorisé, ne cadre pas avec votre nature réservée et intériorisée... Pourtant, vous avez l'ambition en commun, et il peut admirer votre volonté, votre détermination à réussir. Mais, le premier éblouissement passé, vous risquez de mal supporter son côté vantard et sa tendance à frimer. Vous finirez par ne voir que ses défauts ! De plus, c'est un sentimental qui a besoin d'afficher ce qu'il ressent, ce qui n'est pas votre cas.

• *Si vous voulez que ça dure :* ne faites jamais de réflexion à votre lion devant vos amis, ou même dans un lieu public. Il est très soucieux de son image et déteste « perdre la face ». Au contraire, sachez le complimenter habilement si vous voulez le voir sourire, il mordra toujours à l'hameçon.

CAPRICORNE AVEC VIERGE

L'entente sera excellente : vous êtes deux signes de Terre qui ont le sens des réalités et qui connaissent la valeur des choses. Vous serez attiré par son intelligence et sa rapidité d'esprit, lui se sentira rassuré par votre stabilité et votre force intérieure. Votre couple ne sera pas forcément fondé sur une sensualité torride, mais vous aurez de nombreux centres d'intérêt en commun et ce sera un lien puissant qui vous permettra de durer.

• *Si vous voulez que ça dure :* vous avez tous les deux des efforts à faire pour mieux communiquer... la Vierge reste souvent silencieuse par pudeur ou par peur du ridicule : donnez-lui confiance en sa parole, vous lui découvrirez un humour qui vous enchantera, car il ressemble au vôtre.

CAPRICORNE AVEC BALANCE

Malgré des apparences contraires, vous pouvez très bien vous entendre ! Vous avez plus de points communs qu'on ne le croit : ne vous arrêtez pas au fait que la Balance a soif de preuves d'amour et que vous avez du mal à afficher vos sentiments. Cela vous prendra peut-être du temps, mais si vous y parvenez, vous pourrez construire un couple solide. En effet, la Balance se reposera sur vous et vous vous sentirez responsable de son bonheur.

• *Si vous voulez que ça dure :* habituez-vous aux gestes tendres, aux regards complices et aux petites attentions qui touchent. C'est tout ce que demande la Balance. Ça n'est pas grand-chose... sauf pour le Capricorne ! Cela vous demandera des efforts, mais c'est la condition pour que votre couple dure.

CAPRICORNE AVEC SCORPION

A priori, vous vous entendrez très bien avec ce signe compliqué, mais passionnant. Vous saurez le mettre en confiance, ce qui n'est pas une mince affaire ! De plus, sa force intérieure et sa sensualité à fleur de peau vous bouleverseront. Il peut changer votre vie, et votre intérêt n'est pas de reculer devant cet éventuel changement. Le seul écueil sera un manque de communication : à vous de faire en sorte que votre Scorpion confie ses sentiments.

• *Si vous voulez que ça dure :* ne vous affolez pas de son besoin de secret. Ce n'est pas à vous qu'il (elle) ne veut rien dire ! Cela vient de l'enfance et, probablement, d'un parent qui a été un peu trop intrusif. Plus vous respecterez ses silences, moins vous les prendrez pour une trahison, mieux votre couple se portera.

CAPRICORNE AVEC SAGITTAIRE

En apparence, vous avez peu de points communs : il est libre, indépendant, optimiste et très à l'aise en société. Vous êtes pessimiste et vous tenez volontiers à l'écart du monde... Mais, on le sait, les extrêmes s'attirent et peuvent s'apporter énormément. Vous le regarderez comme s'il sortait d'une bande dessinée, et votre âme d'enfant (toujours présente) ne pourra que l'adorer. Tant qu'il vous semblera fidèle à son engagement, bien sûr.

• *Si vous voulez que ça dure :* le Sagittaire a l'âme voyageuse, il ne faut surtout pas l'enfermer entre quatre murs, il étouffe et s'enfuit dès qu'il le peut. Acceptez qu'il s'éloigne de temps en temps, ce sera pour mieux revenir par la suite. Et ne vous agacez pas trop de son manque de limites.

CAPRICORNE AVEC CAPRICORNE

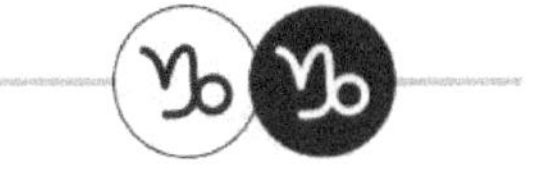

L'humour vous sauvera de tout, et surtout de l'ennui né de l'uniformité. En effet, vous ne parlerez pas beaucoup et l'un d'entre vous s'en plaindra forcément, même en silence ! Vous ne penserez qu'à vos carrières et n'accorderez pas beaucoup de temps à vos loisirs. À moins que vous ne travailliez ensemble – ce qui serait une bonne solution -, vous donnerez toujours la préférence à votre boulot au détriment de votre couple.

• *Si vous voulez que ça dure :* même si vous avez des tas de points communs, ça va toujours mieux en le disant ! Ne vous imaginez pas que l'autre vous devine, que vous n'avez pas besoin de lui dire que vous l'aimez ou que vous ne pourriez pas vivre sans lui / elle.

CAPRICORNE AVEC VERSEAU

Vous vous demanderez d'où sort cet extraterrestre et serez fasciné par lui, tant il vous paraîtra peu banal... Sa grande liberté d'esprit et de comportement bouleversera l'idée que vous aviez de l'être humain ainsi que les schémas relationnels qui étaient les vôtres. L'histoire sera passionnée, intense et décalée, mais ne sera pas forcément durable, car le Verseau ne s'épanouit pas toujours dans la stabilité et la sécurité, qui sont votre fort !

• *Si vous voulez que ça dure :* plus vous chercherez à le garder, à lui créer des attaches, plus vous le ferez fuir. Vous avez affaire à un être très paradoxal, qui ne tient jamais tant à sa liberté que lorsqu'il la sent menacée. Alors laissez-le évoluer comme il l'entend, c'est votre meilleure chance de le garder.

CAPRICORNE AVEC POISSONS

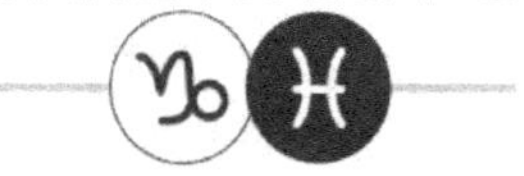

C'est une belle association, et sûrement une rencontre importante pour vous ! Vous gagnerez beaucoup à laisser un Poissons entrer dans votre vie, car il vous apprendra à sentir au lieu de penser, à toucher au lieu de vous éloigner. Vous lui montrerez les limites et l'aiderez à mettre de l'ordre dans sa vie. Certes, à la longue, vous pourriez lui reprocher son inconséquence, son désordre, ses côtés trop rêveurs. Mais en même temps, c'est ce qui fait tout son charme !

• *Si vous voulez que ça dure :* encore une fois, c'est un effort de communication qui vous est demandé – à l'un comme à l'autre, d'ailleurs. Si les non-dits s'accumulent, ils risquent de se transformer en magma explosif et de mettre votre couple en danger. Dites, au quotidien, ce que vous avez sur le cœur.

Quel amoureux êtes-vous ?

Seule la position de Vénus dans votre thème peut vous renseigner sur votre manière d'être amoureux et sur ce que vous attendez d'un(e) partenaire. Sa distance au Soleil est réduite, ce qui signifie qu'elle ne peut se trouver que dans cinq signes : le vôtre, les deux qui le précèdent et les deux qui le suivent. Vous êtes Capricorne, Vénus ne peut donc occuper que votre propre signe, ainsi que le Verseau, le Poissons, le Sagittaire et le Scorpion. En tant que Capricorne, vous n'êtes pas du genre à sauter au cou du premier venu. Votre distance, qui passe souvent pour de la froideur, est une forme de défense qui vous permet de temporiser, de n'entrer dans une relation que lorsque vous êtes sûr que les bases sont solides. En effet, vous le savez déjà, la crainte de l'abandon et du rejet vous accompagne longtemps et vous connaissez la profondeur de vos attachements. De plus, vous avez de l'orgueil... Aussi votre prudence est-elle compréhensible. La communauté d'intérêts est aussi indispensable à l'équilibre de votre couple qu'une sexualité harmonieuse, celle-ci n'étant pas toujours délivrée de certaines inhibitions liées à votre éducation.

SI VOUS AVEZ VÉNUS EN CAPRICORNE

Ce n'est certes pas la légèreté, le flirt et l'infidélité qui vous caractérisent ! Au contraire, votre constance fait que votre partenaire prend vite l'habitude de s'en remettre à vous et de se reposer sur vos épaules. Avec vous, il est sûr de ne pas être trahi. Quand vous rencontrez des problèmes de couple, c'est probablement parce que vous traitez trop souvent votre conjoint comme un enfant irresponsable, ou incapable de se débrouiller sans vous... L'équilibre du couple dépend également de votre capacité à exprimer vos sentiments, Vénus en Capricorne n'étant pas des plus tendres. Mais il faut faire des efforts, vos comportements distants pouvant laisser penser que d'autres centres d'intérêt sont plus importants pour vous que votre vie amoureuse.

SI VOUS AVEZ VÉNUS EN VERSEAU

Votre capacité à vous libérer de schémas pesants, venant de votre éducation, se heurte souvent aux principes un peu rigides du Capricorne. Vous êtes donc l'hôte de nombreux conflits, mais ils font toute votre richesse et... votre humour ! Toutefois, vous manquez de tendresse et pouvez être encore plus distant, indépendant, que le Capricorne classique. À force, votre réserve peut passer pour du mépris et vous isoler des autres. Le jour où vous arrivez à vous dégager de ces conflits, vos relations amoureuses sont bien plus satisfaisantes, car vous êtes moins exigeant avec l'autre. Vous apprenez également à vous montrer plus chaleureux et si vous vous risquez à exprimer vos sentiments sans crainte du ridicule, vous allez au-devant de bonnes surprises.

SI VOUS AVEZ VÉNUS EN POISSONS

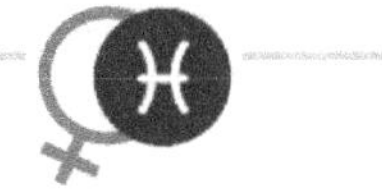

Vous êtes certainement plus chaleureux que les autres Capricorne, car Vénus en Poissons induit plus d'intuition, de compassion et de générosité que dans les deux précédents signes. Elle corrige les tendances renfermées du Capricorne, lui apportant une douceur et une sollicitude qu'il n'a pas toujours. L'amour, qui est très idéalisé, est souvent vécu dans la fusion et constitue une oasis dans le monde rigoureux de votre signe. Quand vous êtes totalement en confiance, vous communiquez volontiers avec l'autre, la complicité, l'humour, l'aspect ludique de la relation étant indispensables à votre équilibre affectif. La sexualité est bien vécue, elle est en tout cas moins prise au sérieux que chez la Vénus Capricorne.

SI VOUS AVEZ VÉNUS EN SAGITTAIRE

Il est évident que vous serez plus facilement bon vivant, plus apte au bonheur que le Capricorne classique. Doté d'un certain optimisme, vous ajouterez aussi un côté épicurien à votre nature, même si les apparences sont parfois contre vous ; toujours cet aspect distant... Il vous sera également possible de vous dégager des conventions (passagèrement) et de vous conduire de manière un peu « fofolle », ces écarts dans vos comportements faisant partie de votre charme et accentuant même votre séduction ! Plusieurs longues relations vous seront proposées avant que vous ne trouviez celui ou celle qui sera à la hauteur de vos aspirations et de votre recherche d'idéal.

SI VOUS AVEZ VÉNUS EN SCORPION

Vous possédez quelque chose de spécial, un charme étrange qui attire les personnes du sexe opposé, étonnées d'être prises dans vos filets, car votre « beauté » ne correspond pas toujours aux canons classiques... Homme ou femme, vous êtes magnétique, sexy, mais vous n'utilisez pas ces atouts de manière abusive ou pour attirer l'autre à tout prix : vous attendez qu'on vous découvre et qu'on ne puisse plus se passer de vous, tel un puissant aphrodisiaque ! Mais vous ne facilitez la tâche de personne : exigeant, impérieux, conscient de vos besoins, vous demandez autant que vous donnez et faites preuve de sentiments intenses, entiers, empreints de jalousie et de possessivité.

Comment calculer votre ascendant ?

Pour calculer votre ascendant, votre décan et savoir où se trouvent les planètes de votre thème:

allez sur twelv.love

Retrouvez Christine Haas

https://www.instagram.com/chrishaasoff

https://www.twitter.com/chrishaasoff

https://www.youtube.com/c/ChristineHaasOff

https://www.facebook.com/Celastro-107986160587123

www.ingramcontent.com/pod-product-compliance
Lightning Source LLC
LaVergne TN
LVHW010113170826
845678LV00012B/2387

* 9 7 9 8 8 4 9 5 7 0 9 6 9 *